KB170664

동사로
당당해지는
초등
영어일기
쓰기

저자 정효준

한국교원대학교에서 초등영어교육으로 석사 및 박사학위를 받았으며, 공립초등학교 교사로 16년 동안 학생들을 가르쳤습니다. 2015 개정 교육과정 『초등 3~6학년 영어교과서』(대교)를 집필했으며, 2022 개정 교육과정 『초등영어교과서』를 집필 중입니다. 한국교원대학교 초등영어교육과 겸임교수로 초등영어 교재연구, 교육자료 개발 등의 학부 강의를 하였으며, 학생들에게 쉽고 즐겁게 영어 공부하는 방법을 알려주기 위해 꾸준히 노력하고 있습니다.

(현) 경기도 의정부교육지원청 장학사
(현) 한국교원대학교 초등영어교육과 겸임교수

대표 저서
<어! 원하던 초등 영단어>, <한 권으로 끝내는 파닉스 영단어>, <한 권으로 끝내는 초등영어 문장 패턴> 등

동사로 당당해지는
초등 영어일기 쓰기

저자 정효준

초판 1쇄 인쇄   2024년 5월 10일
초판 1쇄 발행   2024년 5월 23일

발행인 박효상   편집장 김현   기획·편집 장경희, 이한경   디자인 임정현
교정·교열 조미자   표지·내지 디자인 Moon-C design   마케팅 이태호, 이전희   관리 김태옥
종이 월드페이퍼   인쇄·제본 예림인쇄·바인딩   녹음 YR미디어

출판등록 제10-1835호   발행처 사람in
주소 04034 서울시 마포구 양화로 11길 14-10 (서교동) 3F
전화 02) 338-3555(代)   팩스 02) 338-3545
E-mail saramin@netsgo.com
Website www.saramin.com

책값은 뒤표지에 있습니다. 파본은 바꾸어 드립니다.

ⓒ 정효준 2024

ISBN 979-11-7101-073-8 63740

우아한 지적만보, 기민한 실사구시 **사람in**

어린이제품안전특별법에 의한 제품표시	
제조자명 사람in	전화번호 02-338-3555
제조국명 대한민국	주 소 서울시 마포구 양화로
사용연령 5세 이상 어린이 제품	11길 14-10 3층

동사로
당당해지는

초등
영어일기
쓰기

정효준 지음

하루 4쪽,
8주 완성
매일 재미있는
일기 주제

사람in
saram
in.com

여러분, 안녕하세요. 쭌쌤입니다.

질문 하나 할게요. 야구공을 잘 치기 위해서는 스윙 연습을 많이 해야 해요. 수학 계산을 잘하기 위해서는 계산 문제를 많이 풀어 봐야 하고요. 그럼 영어 글쓰기를 잘하기 위해서는 어떻게 해야 할까요?

맞아요. 영어로 글을 많이 써 봐야 해요.

그럼 어떤 글을 써야 할까요? 자신이 직접 경험한 일을 글로 쓸 때 쉽게 쓸 수 있고 내용도 자연스러울 수 있어요. 따라서 영어 글쓰기 연습을 하기에 가장 좋은 글은 자신의 경험을 쓰는 '일기'예요. 이런 이유로 많은 선생님들이 여러분에게 일기 쓰기를 강조하는 거예요.

영어 일기를 쓸 때 고려해야 할 점은 두 가지예요.

첫 번째는 '어떤 내용을 쓸까?'인데요. 이건 걱정할 필요가 없어요. 여러분은 하루하루 가족, 이웃, 친구들과 다양한 경험을 하고 있어요. 자신의 경험을 있는 그대로 풀어내면 멋진 글이 완성됩니다.

두 번째로 고려해야 할 점은 '어떻게 쓸까?'예요. 영어로 문장을 쓰면 주어 'I(나)'는 쓰는데 그다음에 어떤 동사를 써야 할지 고민될 때가 많죠. 왜냐하면 우리말 동사는 한 단어로 여러 뜻을 표현하는데, 이 개별 뜻을 나타내는 영어 동사 단어가 따로따로 있기 때문이에요. 다음 우리말 세 문장을 예로 들어 볼게요.

① 나는 바다를 봤다.
② 나는 영화를 봤다.
③ 나는 책을 봤다.

우리말 세 문장의 동사는 모두 '봤다'로 같지만 이를 영어 문장으로 바꾸면 동사가 달라져요.

① I saw the sea. (see: 사물이나 풍경을 보다)
② I watched a movie. (watch: 움직이는 영상을 보다)
③ I read a book. (read: 책을 보다)

우리말은 '정말 좋다', '너무 좋다', '엄청 좋다', '완전 좋다', '미치도록 좋다'처럼 서술어를 꾸며주는 말이 다양한 언어지만 영어는 동사 자체가 다양한 언어예요. 그러므로 영어 글쓰기를 잘하기 위해서는 영어 동사가 정확히 어떤 뜻을 가지고 있는지 알고 있어야 해요.

이 책에는 2022 개정 초등영어교육과정에 제시된 단어 중 여러분이 필수적으로 알아야 할 동사들을 엄선해서 제시했어요. 각각의 동사들이 어떤 뜻을 가지고 있는지 자세하게 설명하고, 그 동사가 문장 안에서 어떻게 쓰이는지도 이해할 수 있게 예시문도 제시했어요. 그리고 학습한 동사가 쓰인 일기 문장을 제공해 일기 내용을 잘 파악한 후 자신만의 멋진 일기를 작성해 보게 했습니다. 처음에는 한 문장 쓰기도 쉽지 않겠지만, 이 책을 학습하고 나면 여러분 모두 훌륭한 영어 작가가 되어 있을 거예요. 여러분의 영어 글쓰기 능력 향상을 응원합니다.

Rome was not built in d day. 로마는 하루아침에 만들어지지 않았다.

쭌쌤 정효준

👤 이 책의 구성 및 특징

『동사로 당당해지는 초등 영어일기 쓰기』는 영어 문장의 핵심이 되는 다양한 동사를 이용해 재미있게 영어로 글쓰기를 연습해 볼 수 있는 책이에요.

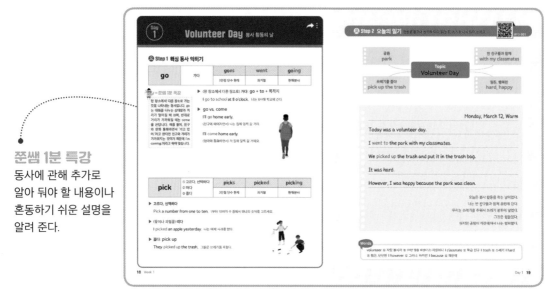

쭌쌤 1분 특강
동사에 관해 추가로 알아 둬야 할 내용이나 혼동하기 쉬운 설명을 알려 준다.

Step 1 핵심 동사 익히기
일기에 나오는 핵심 동사를 먼저 자세히 알아 보는 코너로 동사의 변형뿐 아니라 다양한 뜻이 어떻게 활용되는지 예문을 통해 보여준다.

Step 2 오늘의 일기
그날의 주제로 앞에서 배운 동사가 들어간 예시 일기 패턴을 읽어 볼 수 있다.
일기에 나온 단어를 추가로 알려준다.

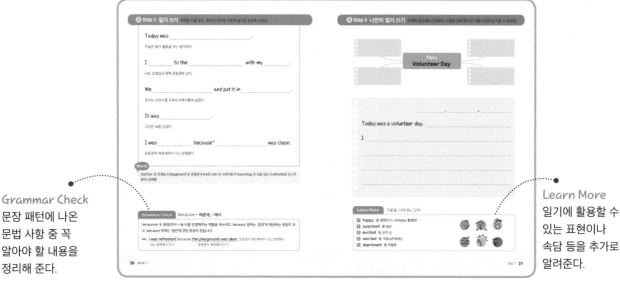

Grammar Check
문장 패턴에 나온 문법 사항 중 꼭 알아야 할 내용을 정리해 준다.

Learn More
일기에 활용할 수 있는 표현이나 속담 등을 추가로 알려준다.

Step 3 일기 쓰기
앞에서 읽어 본 '오늘의 일기' 패턴을 이용해 빈칸에 알맞은 단어를 넣어 또 하나의 새로운 일기를 완성해 본다.

Step 4 나만의 일기 쓰기
읽고 연습해 본 문장 패턴을 이용해 자신만의 일기를 직접 써 본다.

Review Test
매주 배운 단어나 표현, 문장 등을 복습 점검할 수 있는 문제를 제시했다.

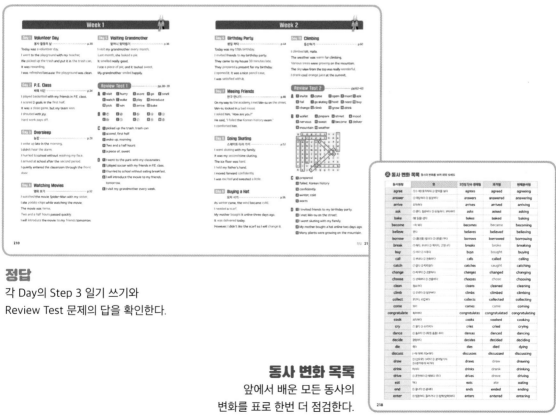

정답
각 Day의 Step 3 일기 쓰기와
Review Test 문제의 답을 확인한다.

동사 변화 목록
앞에서 배운 모든 동사의
변화를 표로 한번 더 점검한다.

차 례

😀 동사의 기본 미리 알기!

※ 동사의 형태

go	가다	**goes**	**went**	**going**
① 기본형		② 3인칭 단수 현재	③ 과거형	④ 현재분사

① 기본형

동사의 본래 형태로 '동사원형'이라고도 해요. 영어사전에서 단어를 찾을 때는 동사의 기본형으로 찾아요.

⌐ 인칭: 어떤 동작의 주체가 말하는 사람, 듣는 사람, 제3자 중 누구인지 구별하는 말

② 3인칭* 단수 현재

○ 3인칭은 나(1인칭), 너(2인칭)를 제외한 제3자를 의미해요. 영어로 하면 I(나), We(우리), You(너/너희)를 제외한 나머지가 3인칭이에요. **예** He(그), She(그녀), It(그것), They(그들/그것들)

○ 단수는 '하나'를 의미해요.

★ 주어가 3인칭 단수 현재일 때 동사의 형태가 달라지는데, 몇 가지 규칙이 있어요.

종류	규칙	기본형	3인칭 단수 현재
일반적인 동사	끝에 s를 붙여요	make 만들다	makes
ch/sh/o/x/s로 끝나는 동사	끝에 es를 붙여요	wash 씻다	washes
[자음+y]로 끝나는 동사	y를 i로 바꾸고 es를 붙여요	study 공부하다	studies
[모음+y]로 끝나는 동사	끝에 s를 붙여요	play 놀다	plays
have	불규칙	have 가지고 있다	has

③ 과거형 과거의 시간을 나타낼 때는 동사의 과거형을 쓰는데, 과거형을 만드는 몇 가지 규칙이 있어요.

★ 규칙 변화

종류	규칙	기본형	과거형
일반적인 동사	끝에 ed를 붙여요	want 원하다	wanted
		help 돕다	helped
		ask 묻다	asked
		look 보다	looked

		like 좋아하다	liked
e로 끝나는 동사	d를 붙여요	love 사랑하다	loved
		hope 희망하다	hoped
		surprise 놀라다	surprised
[자음+y]로 끝나는 동사	y를 i로 바꾸고 ed를 붙여요	study 공부하다	studied
		cry 울다	cried
		hurry 서두르다	hurried
[단모음+단자음]으로 끝나는 동사	마지막 자음을 한 번 더 쓰고 ed를 붙여요	stop 멈추다	stopped
		plan 계획하다	planned

★ 불규칙 변화

기본형	과거형	기본형	과거형
come 오다	came	go 가다	went
eat 먹다	ate	drink 마시다	drank
see 보다	saw	meet 만나다	met
say 말하다	said	do 하다	did
tell 말하다	told	draw 그리다	drew

영어 동사 중 과거형이 불규칙적으로 변하는 경우가 정말 많아요. 따라서 한꺼번에 외우기보다는 과거형이 불규칙적으로 변하는 동사를 접할 때마다 과거형을 기억하는 것이 좋은 방법이에요.

④ 현재분사

현재 진행 중인 동작이나 상태를 나타내는 동사의 종류예요. [동사 기본형+ing] 형태로 문장 안에서 다양한 역할을 할 수 있어요.

👤 영어 일기의 기본 미리 알기!

※ 날짜와 요일, 날씨 쓰는 방법

○ 영어로 날짜와 요일을 쓸 때는 **[요일, 월(月)+일(日)]**의 순서로 써요.

○ '요일'과 '월(月)+일(日)' 사이에는 **쉼표(,)**를 찍고, '요일'과 '월(月)'의 **첫글자는 항상 대문자**로 써요.

○ '일(日)' 뒤에 **쉼표(,)**를 찍고 '**날씨**'를 써요. 날씨도 첫글자는 대문자로 적어요.

요일 Day　　　* ( ) 안에 있는 것처럼 줄여서 쓸 수도 있어요.

월요일	Monday (Mon.)	금요일	Friday (Fri.)
화요일	Tuesday (Tues.)	토요일	Saturday (Sat.)
수요일	Wednesday (Wed.)	일요일	Sunday (Sun.)
목요일	Thursday (Thur.)		

월 Month　　　* ( ) 안에 있는 것처럼 줄여서 쓸 수도 있어요.

1월	January (Jan.)	7월	July (Jul.)
2월	February (Feb.)	8월	August (Aug.)
3월	March (Mar.)	9월	September (Sep.)
4월	April (Apr.)	10월	October (Oct.)
5월	May	11월	November (Nov.)
6월	June (Jun.)	12월	December (Dec.)

일 Date

* '일'은 그냥 숫자로도 쓰지만 아래처럼 순서를 나타내는 '서수'로도 써요.
단, 읽을 때는 서수로 읽어야 해요.

1일	1st (first)	11일	11th (eleventh)	21일	21st (twenty-first)
2일	2nd (second)	12일	12th (twelfth)	22일	22nd (twenty-second)
3일	3rd (third)	13일	3th (thirteenth)	23일	23rd (twenty-third)
4일	4th (fourth)	14일	14th (fourteenth)	24일	24th (twenty-fourth)
5일	5th (fifth)	15일	15th (fifteenth)	...	
6일	6th (sixth)	16일	16th (sixteenth)	30일	30th (thirtieth)
7일	7th (seventh)	17일	17th (seventeenth)	31일	31st (thirty-first)
8일	8th (eighth)	18일	18th (eighteenth)		
9일	9th (ninth)	19일	19th (nineteenth)		
10일	10th (tenth)	20일	20th (twentieth)		

날씨 Weather

맑은	Clear	흐린 (구름 낀)	Cloudy
따뜻한	Warm	비 오는	Rainy
화창한, 햇빛이 비치는	Sunny	폭풍우가 몰아치는	Stormy
시원한	Cool	안개 낀	Foggy
바람 부는	Windy	쌀쌀한	Chilly
더운	Hot	추운	Cold
습한	Humid	눈 오는	Snowy
끈적끈적하게 습한	Sticky	꽁꽁 얼 정도로 추운	Freezing

Week 1

Day 1

Volunteer Day 봉사 활동의 날

👤 Step 1 핵심 동사 익히기

go	가다	goes	went	going
		3인칭 단수 현재	과거형	현재분사

=쭌쌤 1분 특강

한 장소에서 다른 장소로 가는 것을 나타내는 동사입니다. go 는 대화를 나누는 상대방과 거리가 멀어질 때 쓰며, 반대로 거리가 가까워질 때는 come 을 쓴답니다. 예를 들어, 친구와 전화 통화하면서 '가고 있어.'라고 한다면 친구와 거리가 가까워지는 것이기 때문에 I'm coming.이라고 해야 맞습니다.

▶ (한 장소에서 다른 장소로) 가다: **go + to + 목적지**

I go to school at 8 o'clock. 나는 8시에 학교에 간다.

▶ **go** vs. **come**

I'll go home early.

(친구와 헤어지면서) 나는 집에 일찍 갈 거야.

I'll come home early.

(엄마와 통화하면서) 저 집에 일찍 갈 거예요.

pick	① 고르다, 선택하다 ② 따다 ③ 줍다	picks	picked	picking
		3인칭 단수 현재	과거형	현재분사

▶ 고르다, 선택하다

Pick a number from one to ten. 1부터 10까지 수 중에서 숫자 하나를 고르세요.

▶ (꽃이나 과일을) 따다

I picked an apple yesterday. 나는 어제 사과를 땄다.

▶ 줍다: **pick up**

They picked up the trash. 그들은 쓰레기를 주웠다.

공원
park

반 친구들과 함께
with my classmates

Topic
Volunteer Day

쓰레기를 줍다
pick up the trash

힘든, 행복한
hard, happy

Monday, March 12, Warm

Today was a volunteer day.

I went to the park with my classmates.

We picked up the trash and put it in the trash bag.

It was hard.

However, I was happy because the park was clean.

오늘은 봉사 활동을 하는 날이었다.
나는 반 친구들과 함께 공원에 갔다.
우리는 쓰레기를 주워서 쓰레기 봉투에 넣었다.
그것은 힘들었다.
하지만 공원이 깨끗해져서 나는 행복했다.

Words

volunteer 명 자원 봉사자 동 (어떤 일을 하겠다고) 자원하다 ∥ classmate 명 학급 친구 ∥ trash 명 쓰레기 ∥ hard
형 힘든, 단단한 ∥ however 부 그러나, 하지만 ∥ because 접 때문에

Today was _____ .

오늘은 봉사 활동을 하는 날이었다.

I _____ to the _____ with my _____ .

나는 선생님과 함께 운동장에 갔다.

We _____ and put it in _____ .

우리는 쓰레기를 주워서 쓰레기통에 넣었다.

It was _____ .

그것은 보람 있었다.

I was _____ because* _____ was clean.

운동장이 깨끗해져서 나는 상쾌했다.

Words

playground 몡 운동장 Ι teacher 몡 선생님 Ι trash can 몡 쓰레기통 Ι rewarding 혱 보람 있는 Ι refreshed 혱 (기분이) 상쾌한

Grammar Check   because ~ 때문에, ~해서

because는 두 문장(주어 + 동사)을 연결해 주는 역할을 하는데요. because 앞에는 '결과'에 해당하는 문장이 오고, because 뒤에는 '원인'에 관한 문장이 온답니다.

ex) **I was refreshed** because **the playground was clean.** 운동장이 깨끗해져서 나는 상쾌했다.
         나는 상쾌했다(결과)   운동장이 깨끗했다(원인)

Topic
Volunteer Day

_____ , _____ , _____

Today was a volunteer day. _____

I _____

_____

_____

_____

Learn More 기분을 나타내는 단어

1 happy 형 행복한 (↔ unhappy 불행한)
2 surprised 형 놀란
3 excited 형 신이 난
4 worried 형 걱정스러워하는
5 depressed 형 우울한

👤 Step 1 핵심 동사 익히기

play	① 놀다 ② 경기를 하다 ③ 연주하다	plays	played	playing
		3인칭 단수 현재	과거형	현재분사

🧑‍🏫 = 쭌쌤 1분 특강

play는 놀이나 운동할 때 주로 쓰이지만, 악기를 연주한다는 의미도 담고 있답니다. 또한, 연극에서 어떤 배역을 맡아서 연기할 때도 play를 써요.

▶ (~을 가지고) 놀다: **play** (with + 도구)

We played with Legos. 우리는 레고를 가지고 놀았다.

▶ (~와) 경기를 하다: **play** + 종목 (with + 대상)

I played baseball with my father yesterday.

나는 어제 아빠와 야구를 했다.

▶ (~을) 연주하다: **play** + **the** + 악기

Can you play the piano? 당신은 피아노를 연주할 수 있나요?

* 악기 앞에는 일반적으로 the를 붙여 써요.

score	득점하다	scores	scored	scoring
		3인칭 단수 현재	과거형	현재분사

▶ 득점하다: **score** + 점수 (in + 종목)

He scored 2 points in basketball. 그는 농구에서 2점을 득점했다.

Tip score는 '명사'로 '득점, 점수'라는 뜻으로도 쓰여요.

My math *score* is 90. 나의 수학 점수는 90점이다.

win	이기다	wins	won	winning
		3인칭 단수 현재	과거형	현재분사

▶ 이기다: **win** + 경기

Our team won the baseball game. 우리 팀이 야구 경기에서 이겼다.

Tip lose: (시합에서) 지다, (물건을) 잃어버리다 * 과거형: lost

We *lost* the badminton game. 우리는 배드민턴 경기에서 졌다.

축구하다
play soccer

2골 넣다
score 2 goals

이기다
win

기쁨을 나누다
share my joy

Topic
P.E. Class

Tuesday, April 14, Windy

I played soccer with my friends in P.E. class.

I scored 2 goals in the second half.

It was a close game, but my team won.

I shared my joy with my friends.

Hard work pays off.

체육 시간에 나는 친구들과 함께 축구를 했다.
내가 후반전에 2골을 넣었다.
팽팽한 경기였지만 우리 팀이 이겼다.
나는 친구들과 기쁨을 나눴다.
(영어 속담) 노력이 결실을 맺습니다.

Words

P.E.(physical education) class 체육 시간 **l** second half 후반전 **l** a close game 팽팽한 경기 **l** share 동 공유하다, 나누다 **l** work 명 일, 노력 **l** pay off 성과를 올리다

I .... with my friends in* ....

체육 시간에 친구들과 함께 농구를 했다.

I .... 2 goals in the ....

나는 전반전에 2골을 넣었다.

It was ...., but my team ....

팽팽한 경기였지만 우리 팀이 이겼다.

I .... with joy.

나는 기쁨의 함성을 질렀다.

....

(영어 속담) 노력이 결실을 맺습니다.

Words

basketball 몡 농구 ▎ first half 전반전 ▎ shout 동 함성을 지르다

Grammar Check in ~안에

'시간 또는 공간의 안(in)'이라는 의미를 갖고 있어요. 운동 경기를 체육 시간 '안(in)'에 했기 때문에 in P.E. class 가 되는 겁니다. '그는 사무실에 있다.'는 그가 사무실이라는 공간 안에 있다는 뜻이기 때문에 He is in the office.라고 하면 됩니다.

Topic
P.E. Class

I played _____ in P.E. class.

Learn More   '노력' 관련 영어 속담

1 No pains, no gains. 노력 없이는 얻는 것도 없다.
   * pain 명 아픔, 통증   gain 명 이득, 이점
2 Slow and steady win the game. 천천히 그리고 꾸준히 하면 이긴다.
   * steady 형 꾸준한

Oversleep 늦잠

👤 Step 1 핵심 동사 익히기

wake	① 깨다, 일어나다 ② 깨우다	wakes	woke	waking
		3인칭 단수 현재	과거형	현재분사

🧑‍🏫 = 쭌쌤 1분 특강

wake up과 비슷한 의미를 가지고 있는 표현이 get up인데요. 약간의 차이가 있습니다. wake up은 눈이 떠져서 정신이 깨어난 상태를 나타내고, get up은 몸을 일으켜 세우는 동작을 나타내는 표현이에요.

▶ (잠, 꿈 등에서) 깨다, 일어나다: **wake up**

He wakes up early. 그는 일찍 일어난다.

▶ (~을/를) 깨우다: **wake + 대상 + up**

Every day my mom wakes me up.
매일 엄마가 날 깨운다.

hurry	서두르다	hurries	hurried	hurrying
		3인칭 단수 현재	과거형	현재분사

▶ 서두르다

Hurry up! 서둘러요!

▶ 서둘러, 황급히: **in a hurry**

I had lunch in a hurry. 나는 서둘러 점심을 먹었다.

arrive	도착하다	arrives	arrived	arriving
		3인칭 단수 현재	과거형	현재분사

▶ (~에) 도착하다: **arrive + at + 장소**(비교적 좁은 장소, 건물)

I arrived at the library. 나는 도서관에 도착했다.

▶ (~에) 도착하다: **arrive + in + 지역**(비교적 넓은 지역)

I arrived in Seoul yesterday. 나는 어제 서울에 도착했다.

MP3-003

늦게 일어나다
wake up late

알람소리를 듣다
hear the alarm

Topic
Oversleep

학교에 서둘러 가다
hurry to school

조용히 교실 들어가다
**quietly enter
the classroom**

Wednesday, August 12, Hot

I woke up late in the morning.

I didn't hear the alarm.

I hurried to school without eating breakfast.

I arrived at school after the first period.

I quietly entered the classroom through the back door.

나는 아침에 늦게 일어났다.
나는 알람 소리를 듣지 못했다.
나는 아침밥도 먹지 않고 서둘러 학교에 갔다.
나는 1교시가 지난 후에 학교에 도착했다.
나는 뒷문을 통해 교실로 조용히 들어갔다.

Words

oversleep 명 늦잠 ▎ period 명 수업 시간, 기간 ▎ quietly 부 조용히, 차분히 ▎ enter 동 들어가다 ▎ classroom
명 교실 ▎ through 전 ~을 통해서

I _____ late in the _____.

나는 아침에 늦게 일어났다.

I didn't _____.

나는 알람 소리를 듣지 못했다.

I _____ school without* _____.

나는 세수도 하지 않고 서둘러 학교에 갔다.

I _____ school after the _____.

나는 2교시가 지난 후에 학교에 도착했다.

I quietly entered the classroom through the _____.

나는 교실 앞문으로 조용히 들어갔다.

Words

wash 동 씻다 ▌face 명 얼굴 ▌second 두 번째의 ▌front 명 앞, 앞면

Grammar Check without ~ 없이

without 뒤에는 명사가 와야 해요. 그래서 동사의 의미를 갖는 표현을 넣을 때는 동사를 명사형(동사-ing)으로 만들어야 하죠.

ex) without food 음식 없이

without saying goodbye 작별 인사도 없이

Topic
Oversleep

_____, _____,

I woke up late in the morning.

___

Learn More 순서가 있는 수(서수) ex) 등수, 학년, 날짜, 건물의 층 등

1	첫 번째	first	6	여섯 번째	sixth
2	두 번째	second	7	일곱 번째	seventh
3	세 번째	third	8	여덟 번째	eighth
4	네 번째	fourth	9	아홉 번째	ninth
5	다섯 번째	fifth	10	열 번째	tenth

Day 4 Watching Movies 영화 보기

🧑 Step 1 핵심 동사 익히기

watch	① 보다, 관람하다 ② 조심하다	watches	watched	watching
		3인칭 단수 현재	과거형	현재분사

= 쭌쌤 1분 특강

watch는 주로 움직이는 대상을 볼 때 쓰여요. TV나 영화 모두 화면 속 대상이 움직이기 때문에 watch를 쓰는 거지요. 그림(picture)은 움직이지 않기 때문에 look(보다) 동사를 활용한답니다.
Look at the picture.
그림을 보세요.

▶ 보다, 관람하다
He watches TV for an hour every day.
그는 매일 1시간씩 TV를 본다.

▶ 조심하다: **watch out** (for + 대상)
Watch out for the cars.
차 조심하세요.

Tip watch는 명사로 '손목시계'라는 뜻으로도 쓰여요.
Whose *watch* is this? 이것은 누구의 시계입니까?

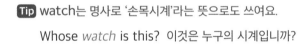

introduce	① 소개하다 ② 선보이다	introduces	introduced	introducing
		3인칭 단수 현재	과거형	현재분사

▶ (~에게) …을 소개하다: **introduce** + 소개할 대상 + **to** + 소개받는 대상
Let me introduce myself to you.
여러분들에게 제 소개를 하겠습니다.

▶ (~에게) …을 선보이다: **introduce** + 상품 + **to** + 시장(소비자)
Samsung Electronics introduced a new mobile phone to the market.
삼성전자가 새로운 휴대폰을 시장에 선보였다.

영화 '겨울왕국'
the movie _Frozen_

엄마와 함께
with my mom

Topic
Watching Movies

팝콘을 먹다
eat popcorn

재미있는
fun

Wednesday, December 12, Cold

I watched the movie _Frozen_ with my mom.

I ate popcorn while watching the movie.

The movie was so fun.

Two hours passed quickly.

I will introduce the movie to my friends tomorrow.

나는 엄마와 함께 영화 '겨울왕국'을 봤다.
나는 영화를 보면서 팝콘을 먹었다.
영화가 정말 재밌었다.
2시간이 빠르게 지나갔다.
나는 내일 친구들에게 그 영화를 소개할 것이다.

Words

ate 동 먹었다 (eat의 과거형) ‖ while 접 ~하는 동안에 ‖ so 부 너무나, 대단히 ‖ pass 동 지나가다 ‖ quickly 부 빠르게 ‖ tomorrow 부 내일

I _____ the movie *Spider-Man* with my _____ .

나는 누나와 함께 영화 '스파이더맨'을 봤다.

I ate _____ while* watching the movie.

나는 영화를 보면서 감자칩을 먹었다.

The movie was _____ .

영화가 긴장감이 있었다.

_____ passed quickly.

2시간 반이 빠르게 지나갔다.

I will _____ the movie _____ my _____ tomorrow.

나는 내일 친구들에게 그 영화를 소개할 것이다.

Words

potato chips (얇게 썬) 감자튀김, 감자칩 Ⅰ tense 휑 긴박한, 긴장된, 긴장한 Ⅰ two and a half hours 두 시간 반

Grammar Check **while ~하는 동안에**

while은 두 가지 상황이 동시에 일어나는 것을 보여줄 때 쓰입니다. 'A(주어 + 동사) while B(주어 + 동사)' 형태로 쓰이며 'B를 하는 동안 A를 하다'로 해석하면 됩니다. A와 B의 주어가 같을 경우에는 B의 주어를 생략하고 'while + 동사-ing' 형태가 됩니다.

ex) I ate potato chips while watching the movie. 나는 영화를 보면서 감자칩을 먹었다.
    A   *B*

          *A와 B의 주어가 같아서 'while + (주어 생략) + watching'이 됩니다.

Topic
Watching Movies

I watched the movie

Learn More 영화 장르

1 comic movie 코믹 영화
2 horror movie 공포 영화
3 thriller movie 스릴러 영화 *긴장감이나 불안감이 느껴지는 영화
4 action movie 액션 영화 *등장인물의 움직임이 돋보이는 영화
5 romance movie 연애, 사랑에 관한 영화

👤 Step 1 핵심 동사 익히기

visit	① 찾아가다 ② (인터넷을) 방문하다	visits	visited	visiting
		3인칭 단수 현재	과거형	현재분사

▶ **찾아가다**

I will visit my uncle tomorrow. 나는 내일 삼촌을 찾아갈 것이다.

▶ **(인터넷을) 방문하다**

For more information, visit our website. 더 많은 정보가 필요하시다면, 저희 웹사이트를 방문해 주세요.

bake	(빵 등을) 굽다	bakes	baked	baking
		3인칭 단수 현재	과거형	현재분사

= 쭌쌤 1분 특강

빵을 구울 땐 bake를 쓰고, 기름에 굽거나 튀길 땐 fry를 씁니다. 고기를 오븐이나 불을 이용해서 구울 땐 roast를 씁니다.

▶ **(빵 등을) 굽다**

Bake bread in the oven for 5 minutes.

빵을 오븐에 5분 동안 구우세요.

Tip 빵을 만드는 제과점은 bakery라고 하고, 빵을 굽는 사람은 baker라고 합니다.

smell	① 냄새가 나다 ② 냄새를 맡다	smells	smelled	smelling
		3인칭 단수 현재	과거형	현재분사

▶ **(특정한) 냄새가 나다: smell + 냄새/향**

The flower smells fragrant. 그 꽃은 향기로운 냄새가 난다.

▶ **냄새를 맡다: smell + 냄새가 나는 대상**

She smelled the scent of roses. 그녀는 장미꽃 냄새를 맡았다.

매주 방문하다
visit every week

빵을 구워주다
bake the bread

Topic
Visiting Grandmother

냄새가 정말 좋다
smell really good

맛이 기가 막히다
taste amazing

Saturday, November 19, Cold

I visit my grandmother every week.

Last week, she baked bread.

It smelled really good.

I ate a loaf of bread, and it tasted amazing.

My grandmother smiled happily.

나는 매주 할머니를 찾아뵌다.
지난주에는 할머니께서 빵을 구워주셨다.
빵에서 정말 좋은 냄새가 났다.
나는 빵 한 덩어리를 먹었는데 맛이 기가 막혔다.
할머니께서 행복한 미소를 지으셨다.

Words

every week 매주 ‖ last 휑 지난, 마지막의 ‖ a loaf of 한 덩어리의 ‖ taste 똥 맛이 ~하다, ~한 맛이 나다 ‖
amazing 휑 놀라운, 대단한

Step 3 일기 쓰기 우리말 뜻을 보고, 주어진 단어를 이용해 일기를 완성해 보세요.

I ______________ my grandmother ______________________________.

나는 매월(月) 할머니를 찾아뵌다.

_________________________, she ___________________________.

지난달에는 할머니께서 파이를 구워주셨다.

It ______________ really good.

파이에서 정말 좋은 냄새가 났다.

I ate* ___________________________, and it tasted ______________.

나는 파이 한 조각을 먹었는데 달콤한 맛이 났다.

My grandmother ______________ happily.

할머니께서 행복한 미소를 지으셨다.

Words

month 명 월(月) I pie 명 파이 I a piece of 한 조각의 I sweet 형 달콤한

Grammar Check 과거형 불규칙

일반적으로 동사의 과거형은 동사 기본형 뒤에 -ed를 붙입니다. 하지만, ate(eat의 과거형)처럼 불규칙적으로 변하는 동사도 많아요. 불규칙적으로 변하는 동사를 한꺼번에 외우기보다는 문장 안에 동사가 나올 때마다 하나씩 기억하는 게 좋습니다.

ex) go 가다 → went 갔다　　buy 사다 → bought 샀다　　put 놓다 → put 놓았다

Topic

Visiting _____

_____, _____, _____

I visit(ed)

Learn More	친척(relative)

1 grandfather 할아버지 2 uncle 삼촌

3 aunt 이모 4 cousin 사촌

5 nephew 남자 조카 6 niece 여자 조카

Review Test 1 (Day 1~5)

A 다음 우리말 뜻에 해당하는 영어 동사를 쓰세요.

1. 찾아가다/(인터넷을) 방문하다 → visit
2. 서두르다 → h
3. 득점하다 → s
4. 가다 → g
5. 냄새가 나다/냄새를 맡다 → s
6. 보다, 관람하다/조심하다 → w
7. 깨다, 일어나다/깨우다 → w
8. 놀다/경기를 하다/연주하다 → p
9. 소개하다/선보이다 → i
10. 고르다/따다/줍다 → p
11. 이기다 → w
12. 도착하다 → a
13. (빵 등을) 굽다 → b

B 다음 영단어와 뜻을 알맞게 연결하세요.

1. classmate •   • ⓐ 공유하다, 나누다
2. quietly •   • ⓑ 한 덩어리의
3. amazing •   • ⓒ 학급 친구
4. share •   • ⓓ 조용히, 차분히
5. while •   • ⓔ 내일
6. a loaf of •   • ⓕ 늦잠
7. however •   • ⓖ 일, 노력
8. oversleep •   • ⓗ 놀라운, 대단한
9. tomorrow •   • ⓘ ~하는 동안에
10. work •   • ⓙ 그러나, 하지만

C 다음 우리말 뜻에 알맞게 빈칸을 채워 영어 문장을 완성하세요.

1 We ___picked up the trash___ and put it in the _____.

우리는 쓰레기를 주워서 쓰레기통에 넣었다.

2 I _____ 2 goals in the _____.

나는 전반전에 2골을 넣었다.

3 I _____ late in the _____.

나는 아침에 늦게 일어났다.

4 _____ passed quickly.

2시간 반이 빠르게 지나갔다.

5 I ate _____ bread and it tasted _____.

나는 빵 한 조각을 먹었는데 달콤한 맛이 났다.

D 다음 제시된 영어 동사를 활용해서 우리말 뜻에 알맞게 영어 문장을 쓰세요.

1 go _____I went to the park with my classmates._____

나는 반 친구들과 함께 공원에 갔다.

2 play _____

나는 체육 시간에 친구들과 함께 축구를 했다.

3 hurry _____

나는 아침밥도 먹지 않고 서둘러 학교에 갔다.

4 introduce _____

나는 내일 친구들에게 그 영화를 소개할 것이다.

5 visit _____

나는 매주 할머니를 찾아뵌다.

Week 2

Birthday Party 생일 파티

👤 Step 1 핵심 동사 익히기

invite	초대하다	invites	invited	inviting
		3인칭 단수 현재	과거형	현재분사

▶ 초대하다: invite + 대상 + to + 행사/장소

She invited me to dinner. 그녀는 나를 저녁 식사에 초대했다.

Tip invite의 명사형은 invitation으로 '초대'라는 뜻이며, '초대장'이라는 의미로도 쓰입니다.

come	오다	comes	came	coming
		3인칭 단수 현재	과거형	현재분사

=쭌쌤 1분 특강

Day 1에서 배웠던 것처럼 come은 대화를 나누는 상대방 쪽으로 간다는 뜻인데요. Day 3에서 배운 arrive는 어떤 목적지에 도착할 때 쓰는 표현이고, come은 목적지 도달 여부와 상관없이 어느 쪽을 향해 갈 때 쓰는 표현이랍니다.

▶ (~에) 오다: come + to + 장소

Can you come to my house today?

당신은 오늘 우리 집에 올 수 있나요?

▶ ~하러 오다, 와서 ~하다: come + to + 동사

He comes to see me every week.

그는 매주 나를 만나러 온다.

open	① (~을) 열다 ② 열리다	opens	opened	opening
		3인칭 단수 현재	과거형	현재분사

▶ (~을) 열다: open

I opened the door and went inside. 나는 문을 열고 안으로 들어갔다.

▶ 열리다

The wind blew and the door opened. 바람이 불어서 문이 열렸다.

MP3-006

| 11번째 생일 | 친구를 초대하다 |
| 11th birthday | invite friends |

Topic
Birthday Party

| 생일 선물 | 감동한 |
| birthday present | touched |

Thursday, February 12, Cold

Today was my 11th birthday.

I invited friends to my birthday party.

They came to my house on time.

They prepared a present for my birthday.

I opened it. It was a nice wallet.

I was touched.

오늘은 나의 11번째 생일이었다.
나는 내 생일 파티에 친구들을 초대했다.
친구들은 제시간에 우리 집으로 왔다.
친구들이 내 생일 선물을 준비했다.
나는 선물을 열어 보았다. 그것은 멋진 지갑이었다.
난 감동하였다.

Words

on time 정각에, 제시간에 ▮ prepare 동 준비하다, 마련하다 ▮ present 명 선물 ▮ wallet 명 지갑 ▮ touched
형 감동한, 마음이 움직인

Today was my 11th* ....

오늘은 나의 11번째 생일이었다.

I .... friends .... my birthday party.

나는 내 생일 파티에 친구들을 초대했다.

They came to my house ....

친구들은 우리 집에 30분 늦게 왔다.

They .... a present for my birthday.

친구들이 내 생일 선물을 준비했다.

I .... it. It was a nice ....

나는 선물을 열어 보았다. 그것은 멋진 필통이었다.

I was .... it.

난 선물에 만족했다.

Words

minute 몡 (시간 단위의) 분 ǀ late 閂 늦게, 늦어서 ǀ pencil case 몡 필통 ǀ satisfied with ~에 만족한

Grammar Check 서수의 숫자 표기

Day 3에서 서수에 대해 배웠는데요. 서수를 숫자로 표기할 때는 숫자 뒤에 -st, -nd, -th 두 글자를 붙인답니다.

first	1st	tenth	10th
second	2nd	eleventh	11th
third	3rd	twelfth	12th

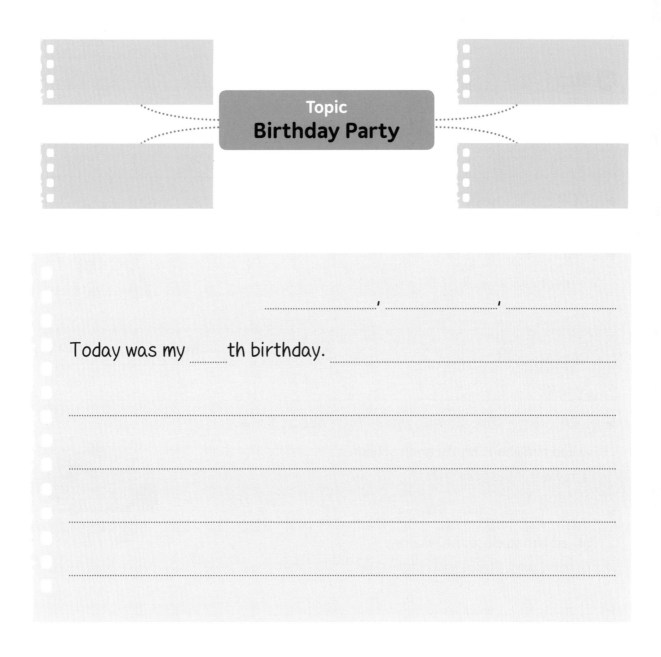

**Topic
Birthday Party**

_____,_____,_____

Today was my _____ th birthday.

Learn More 단어 이야기 ❶ pre(앞, 미리)

pre는 '앞 또는 미리'의 뜻을 가지고 있어요. present는 '앞(pre) + 보내다(sent=send)'의 뜻인데 누군가의 앞으로 보내면 출석하는 것이고, 누군가에게 선물을 보낼 수도 있습니다. 따라서 present는 '출석해 있는', '선물' 이렇게 두 가지 뜻이 있답니다. prepare는 '미리(pre) + 준비하다(pare)'이기 때문에 '준비하다, 대비하다'의 뜻이 있답니다. preview는 '미리(pre) + 보다(view)'이기 때문에 '미리보기, 시사회'의 뜻이 있습니다.

Day 7 Meeting Friends 친구 만나기

👤 Step 1 핵심 동사 익히기

meet	만나다	**meets**	**met**	**meeting**
		3인칭 단수 현재	과거형	현재분사

▶ (~을/를) 만나다: **meet** + 대상

Where did you meet her? 당신은 그녀를 어디에서 만났나요?

▶ 만나다

We meet every week. 우리는 매주 만난다.

ask	① 묻다, 질문하다 ② 요청하다, 부탁하다	**asks**	**asked**	**asking**
		3인칭 단수 현재	과거형	현재분사

▶ (~에게 …에 관해) 묻다, 질문하다: **ask** + 대상 + **about** + 내용

I asked him about his vacation schedule.

나는 그에게 방학 일정에 대해 질문했다.

▶ (~에게 …할 것을) 요청하다, 부탁하다: **ask** + 대상 + **to** + 동사

I asked him to close the window.

나는 그에게 창문을 닫아달라고 부탁했다.

fail	실패하다, (시험에) 떨어지다	**fails**	**failed**	**failing**
		3인칭 단수 현재	과거형	현재분사

▶ 실패하다, (시험에) 떨어지다

She failed her driving test. 그녀는 운전면허 시험에서 떨어졌다.

▶ 실패하다: **fail** + **in** + 행위(영역)

He failed in business. 그는 사업에 실패했다.

Jane의 집에 가는 길에
**on my way
to Jane's house**

민수를 만나다
meet Min-su

**Topic
Meeting Friends**

시험에서 떨어지다
fail the test

격려하다
encourage

Thursday, April 28, Clear

On my way to Jane's house, I met Min-su on the street.

Min-su looked in a bad mood.

I asked him, "How are you?"

He said, "I failed the computer certification test."

I encouraged him.

나는 Jane의 집에 가는 길에 길에서 민수를 만났다.
민수는 기분이 안 좋아 보였다.
나는 민수에게 "잘 지냈니?"라고 물었다.
민수가 "나 컴퓨터 인증 시험에서 떨어졌어."라고 대답했다.
나는 민수를 격려해 주었다.

Words

street 명 거리, 길 **l** mood 명 기분, 분위기 **l** certification 명 인증, 인증서 **l** encourage 동 격려하다, 용기를 북돋우다

On my way to ...., I .... Min-su on*

....

나는 학원 가는 길에 길에서 민수를 만났다.

Min-su looked in a ....

민수는 기분이 안 좋아 보였다.

I .... him, "How are you?"

나는 민수에게 "잘 지냈니?"라고 물었다.

He said, "I .... the .... exam."

민수가 "나 한국사 시험에서 떨어졌어."라고 대답했다.

I .... him.

나는 민수를 위로해 주었다.

Words

academy 명 학원, (특수 분야의) 학교 ▮ history 명 역사 ▮ exam 명 시험 ▮ comfort 통 위로하다

Grammar Check on ~(위)에

on은 '접촉'의 의미가 있어요. 사람이든 차량이든 길 위에 붙어 있어서 on the street가 되는 겁니다. 사과가 테이블 위에 놓여 있을 때도 사과가 테이블에 접촉하고 있어서 An apple is on the table.이라고 표현합니다.

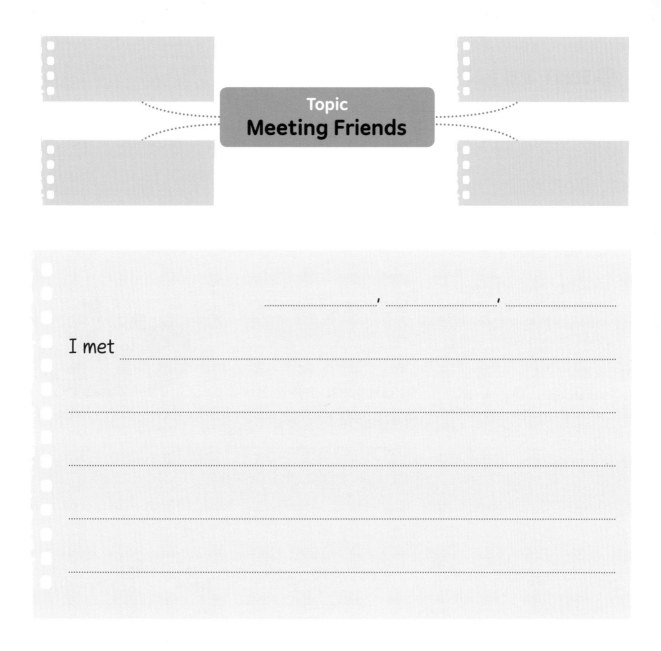

Topic
Meeting Friends

I met

Learn More   '실패, 성공' 관련 명언

Success is walking from failure to failure with no loss of enthusiasm.
성공은 실패에서 실패로 걸어가면서도 열정을 잃지 않는 것이다.

- Winston S. Churchill -

* success 명 성공   failure 명 실패   enthusiasm 명 열광, 열정

Day 8 Going Skating 스케이트 타러 가기

👤 Step 1 핵심 동사 익히기

go **+ 동사-ing**	~하러 가다	**go**es + 동사-ing	went + 동사-ing	**go**ing + 동사-ing
		3인칭 단수 현재	과거형	현재분사

=쭌쌤 1분 특강

Day 1에서 go의 뜻은 '가다'라고 배웠습니다. go에 동사-ing가 붙으면 '~하러 가다'라는 뜻이 되는데요. 'go + 동사-ing' 형태는 스포츠나 여가 활동에만 쓰입니다. 'go to + 동사'의 형태로 쓰이지 않는다는 것도 같이 기억해 둡시다.

I go shopping at the market.
I go to shop at the market.(X)

▶ ~하러 가다

go **skat**ing 스케이트 타러 가다

go **ski**ing 스키 타러 가다

go **camp**ing 캠핑하러 가다

go **hik**ing 하이킹하러 가다

go **swim**ming 수영하러 가다

go **shop**ping 쇼핑하러 가다

go **jog**ging 조깅하러 가다

I went **fish**ing **with my dad last week.**

나는 지난주에 아빠와 함께 낚시하러 갔다.

hold	① 들다, 잡다 ② 유지하다	**hold**s	held	**hold**ing
		3인칭 단수 현재	과거형	현재분사

▶ 들다, 잡다

I held **the pen tightly.** 나는 펜을 꽉 잡았다.

▶ 유지하다: **hold on**

Hold on, **please.** (전화 끊지 말고) 유지해 주세요(기다려 주세요).

Can you hold on **for a minute?** (전화 끊지 말고) 잠깐만 기다려 줄 수 있나요?

가족과 함께
with my family

처음
first time

Topic
Going Skating

조심스럽게 움직이다
move cautiously

긴장되는
nervous

Sunday, January 2, Cold

I went skating with my family.

It was my first time skating.

The ice floor was slippery.

I held my father's hand.

I moved forward cautiously. I was nervous and sweated a lot.

나는 가족과 함께 스케이트를 타러 갔다.
나는 스케이트를 처음 탔다.
얼음 바닥은 미끄러웠다.
나는 아빠의 손을 잡았다.
나는 조심스럽게 앞으로 움직였다. 나는 긴장해서 땀을 많이 흘렸다.

Words

floor 명 바닥 I slippery 형 미끄러운 I move 동 움직이다 I forward 부 앞으로 I cautiously 부 조심스럽게 I
nervous 형 긴장되는, 걱정하는 I sweat 동 땀을 흘리다

I _____ with my family.

나는 가족과 함께 스케이트를 타러 갔다.

It was my _____ time* skating.

나는 스케이트를 두 번째 탔다.

The ice floor was _____.

얼음 바닥은 딱딱했다.

I _____ my father's hand.

나는 아빠의 손을 잡았다.

I moved forward _____.

나는 자신감 있게 앞으로 움직였다.

I was _____ and sweated _____.

나는 신이 났고 땀을 조금 흘렸다.

Words

hard 형 딱딱한 부 열심히 ❙ confidently 부 자신감 있게 ❙ excited 형 신이 난, 흥분한 ❙ a little 부 약간, 조금

Grammar Check time 시간, 횟수

time은 '시간'이라는 뜻으로 가장 많이 쓰여요. 이와 더불어 어떤 일을 몇 번 했는지 횟수를 나타낼 때도 time을 쓴답니다. 횟수는 '첫 번째, 두 번째, ...' 처럼 순서가 있어서 time 앞에 서수를 써요. 첫 번째는 first time, 마지막 번째는 last time이라는 것도 기억해 둡시다.

Topic

Going _____ing

I went _____ing

---

fore는 '앞' 또는 '이전'의 뜻을 가지고 있어요. forward는 '앞(fore) + 쪽으로(ward)'이기 때문에 '앞으로'의 뜻이 되는 겁니다. forehead는 '앞(fore) + 머리(head)'이기 때문에 '이마'라는 뜻이 되고요. 그럼 foresee는 무슨 뜻일까요? '앞(fore) + 보다(see)'이기 때문에 '앞을 내다보다, 예견하다'의 뜻이 되는 겁니다.

Buying a Hat 모자 사기

👤 Step 1 핵심 동사 익히기

need	① 필요하다 ② ~할 필요가 있다	needs	needed	needing
		3인칭 단수 현재	과거형	현재분사

▶ 필요하다

I need glasses because I can't see well. 나는 잘 안 보여서 안경이 필요하다.

▶ ~할 필요가 있다: **need + to + 동사**

You need to wash your face. 당신은 세수할 필요가 있습니다.

buy	① 사다 ② 사주다	buys	bought	buying
		3인칭 단수 현재	과거형	현재분사

▶ 사다

He bought a new car. 그는 새 자동차를 샀다.

▶ (~에게 …을) 사주다: **buy + 대상 + 물건**

She bought me a new coat. 그녀는 나에게 새 코트를 사줬다.

change	① 바꾸다 ② 교환하다	changes	changed	changing
		3인칭 단수 현재	과거형	현재분사

▶ 바꾸다

I changed seats with my friend. 나는 내 친구와 자리를 바꿨다.

▶ (돈을) 교환하다: **change + 돈 + into/for + 돈**

I changed bills into coins at the bank. 나는 은행에서 지폐를 동전으로 교환했다.

Tip exchange는 '두 가지의 물건을 서로 바꾸다'의 의미로 '교환하다, 주고받다' 등의 뜻을 나타냅니다.

MP3-009

여름, 뜨거운 **summer, hot**	모자가 필요하다 **need a hat**

Topic
Buying a Hat

온라인으로 구매하다 **buy online**	오늘 배송되다 **be delivered today**

Saturday, July 1, Hot

As summer came, the sun became hot.

I needed a hat.

My mother bought it online two days ago.

It was delivered today.

However, I didn't like the hat so I will change it.

여름이 되면서 햇살이 뜨거워졌다.
나는 모자가 필요했다.
이틀 전에 엄마가 온라인으로 모자를 사셨다.
그것이 오늘 배송되었다.
하지만 나는 그 모자가 마음에 들지 않아서 바꿀 것이다.

Words

as 웹 ~해서, ~이므로 ▮ become 통 ~이 되다 *과거형 became ▮ online 온라인으로 ▮ ago 분 (얼마의 시간) 전에
▮ deliver 통 배달하다 *be delivered 배달되다

As _____ came, the _____ became _____ .

겨울이 되면서 바람이 차가워졌다.

I _____ a _____ .

나는 목도리가 필요했다.

My mother _____ it online three days ago.

삼일 전에 엄마가 온라인으로 목도리를 사셨다.

It _____ * today.

그것이 오늘 배송되었다.

However, I didn't like the scarf so I will _____ it.

하지만 나는 그 목도리가 마음에 들지 않아서 바꿀 것이다.

Words

wind 명 바람 ǀ scarf 명 목도리, 스카프

Grammar Check be delivered 배달되다

deliver는 '배달하다'의 의미를 지닌 동사인데요. be delivered는 '(누군가에 의해) 배달되다'라는 뜻이 됩니다.

ex) **The postman** delivers **letters.** 집배원은 편지를 배달한다.
　　The TV was delivered **to my house.** TV가 우리집으로 배달되었다.

Topic
Buying _____

I need(ed)

Learn More   모자를 입다?(wear의 의미)

한국말로 모자는 '쓰다', 바지는 '입다', 신발은 '신다', 장갑은 '끼다'라고 표현합니다. 하지만 영어에서는 모두 '입다'의 뜻을 가지고 있는 wear를 쓴답니다.

1 wear a hat 모자를 쓰다   2 wear pants 바지를 입다

3 wear gloves 장갑을 끼다   4 wear shoes 신발을 신다

Climbing 등산하기

👤 Step 1 핵심 동사 익히기

climb	오르다, 등반하다	climbs	climbed	climbing
		3인칭 단수 현재	과거형	현재분사

▶ 오르다, 등반하다

He climbs the mountain every month. 그는 매달 산에 오른다.

Tip climb up은 '위로 오르다'라는 뜻이 되고, climb to는 '~까지 오르다'라는 뜻이 됩니다.

The monkey quickly *climbed up* the tree. 원숭이가 빠르게 나무 위로 올라갔다.

I *climbed to* the top of the mountain. 나는 산 정상까지 올라갔다.

grow	① 자라다, 성장하다 ② 기르다, 재배하다	grows	grew	growing
		3인칭 단수 현재	과거형	현재분사

▶ 자라다, 성장하다

The apple tree grew and bore fruit. 사과나무가 자라서 열매를 맺었다.

▶ (~을) 기르다, 재배하다: grow + 대상

He is growing strawberries. 그는 딸기를 재배하고 있다.

drink	마시다	drinks	drank	drinking
		3인칭 단수 현재	과거형	현재분사

▶ 마시다

For your health, you should drink 8 glasses of water every day.

건강을 위해서는 매일 8잔의 물을 마셔야 한다.

Tip drink는 명사로 '음료, 마실 것'이라는 뜻으로도 쓰여요.

Can I have a *drink*? (물이나 음료 등을) 한 잔 마실 수 있나요?

한라산
Mt. Halla

좋은 날씨
good weather

Topic
Climbing

많은 식물
many plants

시원한 물을 마시다
drink cool water

Sunday, May 22, Sunny

I climbed Mt. Halla.

The weather was good for climbing.

Many plants were growing on the mountain.

The sea view from the top was really nice.

I drank cool water at the summit.

나는 한라산에 올라갔다.
날씨는 등산하기에 좋았다.
산에는 많은 식물이 자라고 있었다.
정상에서 바라보는 바다는 정말 멋졌다.
나는 산 정상에서 시원한 물을 마셨다.

Words

mountain(Mt.) 명 산 ‖ weather 명 날씨 ‖ plant 명 식물, 초목 ‖ view 명 시야, 전망 ‖ from 전 ~에서(부터) ‖
top 명 정상, 꼭대기 ‖ summit 명 (산의) 정상

I _____ Mt. Halla.

나는 한라산에 올라갔다.

The weather was _____ for climbing.

날씨는 등산하기에 따뜻했다.

_____ were _____ on the mountain.

산에는 다양한 나무들이 자라고 있었다.

The _____ view from* the top was really _____.

정상에서 바라보는 하늘은 정말 멋졌다(놀라웠다).

I _____ cool _____ at the summit.

나는 산 정상에서 시원한 오렌지 주스를 마셨다.

Words

warm 혱 따뜻한 ▎various 혱 다양한

Grammar Check   from ~에서(부터)

from은 장소에 관한 표현에서는 출발점을 의미하고, 시간에 관한 표현에서는 시작 시각을 의미합니다. 도착점이나 끝나는 시각을 나타낼 때는 to를 씁니다.

ex) **This restaurant is open** from 3 to 7.
    이 식당은 3시부터 7시까지 영업합니다.

Topic
Climbing

I climbed

Learn More   climb/go up/mount

3가지 동사 모두 '오르다'라는 뜻이 있는데요. climb은 '걸어서 올라가다'라는 뜻이고, go up은 '엘리베이터나 자동차를 이용해서 올라가다'라는 뜻입니다. mount는 '산이나 계단을 올라가다'라는 뜻인데, 격식적인 표현으로 대화체에서는 잘 쓰이지 않습니다.

A 다음 우리말 뜻에 알맞게 영어 철자를 바르게 배열해서 맞는 동사를 쓰세요.

1	초대하다	netiiv	invite
2	오다	ocem	
3	열다/열리다	peno	
4	만나다	teme	
5	묻다, 질문하다/요청하다, 부탁하다	sak	
6	실패하다, (시험에) 떨어지다	laif	
7	스케이트 타러 가다	og aktgnsi	
8	들다, 잡다/유지하다	dloh	
9	필요하다/~할 필요가 있다	edne	
10	사다/사주다	yub	
11	바꾸다/교환하다	gnahec	
12	오르다, 등반하다	bmlic	
13	자라다, 성장하다/기르다, 재배하다	rwgo	
14	마시다	knird	

B 다음 우리말 뜻에 해당하는 영어 단어를 찾아 표시하고, 빈칸에 써 보세요.

g	t	e	e	r	t	s	z	c	t
n	e	r	v	o	u	s	h	h	a
d	m	e	c	p	d	x	n	f	e
e	o	h	s	r	x	o	k	z	w
l	u	t	m	e	g	b	o	w	s
i	n	a	j	p	g	i	a	m	t
v	t	e	v	a	d	l	q	r	l
e	a	w	k	r	l	j	k	f	k
r	i	v	p	e	m	o	c	e	b
h	n	j	t	f	g	g	t	x	z

1 지갑   wallet

2 준비하다   p_____

3 거리, 길   s_____

4 기분, 분위기   m_____

5 긴장되는   n_____

6 땀을 흘리다   s_____

7 ~이 되다   b_____

8 배달하다   d_____

9 산   m_____

10 날씨   w_____

C 다음 우리말 뜻에 알맞게 빈칸을 채워 영어 문장을 완성하세요.

1 They _____prepared_____ a present for my birthday.

그들은 내 생일 선물을 준비했다.

2 He said, "I _____ the _____ exam."

그는 "나 한국사 시험에서 떨어졌어."라고 말했다.

3 I moved forward _____.

나는 자신감 있게 앞으로 움직였다.

4 As _____ came, the wind became _____.

겨울이 되면서 바람이 차가워졌다.

5 The weather was _____ for climbing.

날씨는 등산하기에 따뜻했다.

D 다음 우리말 뜻에 알맞게 단어를 바르게 배열해서 문장을 쓰세요.

1 _____I invited friends to my birthday party._____

(invited / my / to / I / party / friends / birthday) 나는 내 생일 파티에 친구들을 초대했다.

2 _____

(Min-su / the / I / on / met / street) 나는 길에서 민수를 만났다.

3 _____

(family / went / I / my / skating / with) 나는 가족과 함께 스케이트를 타러 갔다.

4 _____

(ago / mother / a / days / bought / My / two / hat / online)

이틀 전에 엄마가 온라인으로 모자를 사셨다.

5 _____

(on / Many / were / plants / the / growing / mountain) 산에는 많은 식물이 자라고 있었다.

Week 3

School Festival 학교 축제

Day 11

👤 Step 1 핵심 동사 익히기

dance	① 춤추다 ② (특정 춤을) 추다	dances	danced	dancing
		3인칭 단수 현재	과거형	현재분사

▶ **춤추다**

He danced to the rhythm. 그는 리듬에 맞춰 춤을 췄다.

* '리듬에 맞춰(또는 멜로디에 맞춰) 춤추다'는 to를 활용한답니다.

▶ **(특정 춤을) 추다: dance + 특정 춤**

Can you dance a waltz? 당신은 왈츠를 출 수 있나요?

sing	① 노래하다 ② (노래를) 부르다	sings	sang	singing
		3인칭 단수 현재	과거형	현재분사

▶ **노래하다**

He sang to a piano accompaniment. 그는 피아노 반주에 맞춰 노래했다.

* dance와 마찬가지로 '반주에 맞춰 노래하다'는 to를 활용합니다.

▶ **(~을 위해 노래를) 부르다: sing + 노래 + for + 대상**

She sang a beautiful song for me. 그녀는 나에게 아름다운 노래를 불러주었다.

record	기록하다, 녹화(녹음)하다	records	recorded	recording
		3인칭 단수 현재	과거형	현재분사

= 쭌쌤 1분 특강

record는 글을 써서 기록으로 남길 때, 음성을 녹음할 때, 영상을 녹화할 때 모두 쓸 수 있답니다.

▶ **기록하다, 녹화(녹음)하다**

She recorded this album in the United States.

그녀는 이번 앨범을 미국에서 녹음했다.

춤추다 dance		노래하다 sing
박수를 치다 clap	**Topic School Festival**	동영상을 보다 watch the video clip

Wednesday, November 15, Cold

Today was our school festival day.

There were a lot of events. I danced to K-pop music.

Jane sang 'Let it be' by the Beatles.

Many of my friends clapped.

My friend recorded my dancing, then I watched the video clip.

오늘이 우리 학교 축제였다.
축제에는 많은 이벤트가 있었다. 나는 K팝 음악에 맞춰 춤을 췄다.
Jane은 비틀스의 'Let it be'를 불렀다.
많은 친구들이 박수를 쳐줬다.
내 친구가 내 춤을 촬영해 주었고 난 그 영상을 보았다.

Words

festival 몡 축제 ▮ let it be 그대로 두다, 순리에 맡기다 ▮ by 젠 ~가 …한[만든, 쓴] ▮ clap 동 박수를 치다 몡 박수 ▮ then 뭐 그 다음에, 그리고 ▮ video clip 몡 비디오, 영상

.... was our school festival day.

어제가 우리 학교 축제였다.

There were .... events. I .... K-pop music.

축제에는 많은 이벤트가 있었다. 나는 K팝 음악에 맞춰 춤을 췄다.

Jane .... 'Perfect' by* Ed Sheeran.

Jane은 Ed Sheeran의 'Perfect'를 불렀다.

Many of my friends ....

많은 내 친구들이 환호했다.

My friend .... my dancing, then I .... the video clip.

내 친구가 내 춤을 촬영해 주었고 난 그 영상을 보았다.

Words

yesterday 몡 어제 | cheer 동 환호하다 몡 환호, 갈채

Grammar Check   by ~의 근처에, ~에 의해

by의 기본적인 의미는 '~의 근처에'입니다. 따라서 a house by the river는 '강가 근처에 있는 집'이라는 뜻이 됩니다. 근처에 있는 사람이 어떤 일에 직접적인 영향을 줄 수 있어서 by의 뜻은 '~의 근처에'에서 '~에 의해'로 확장됩니다.

ex) **America was discovered by Columbus.**
아메리카 대륙은 콜럼버스에 의해 발견되었다.

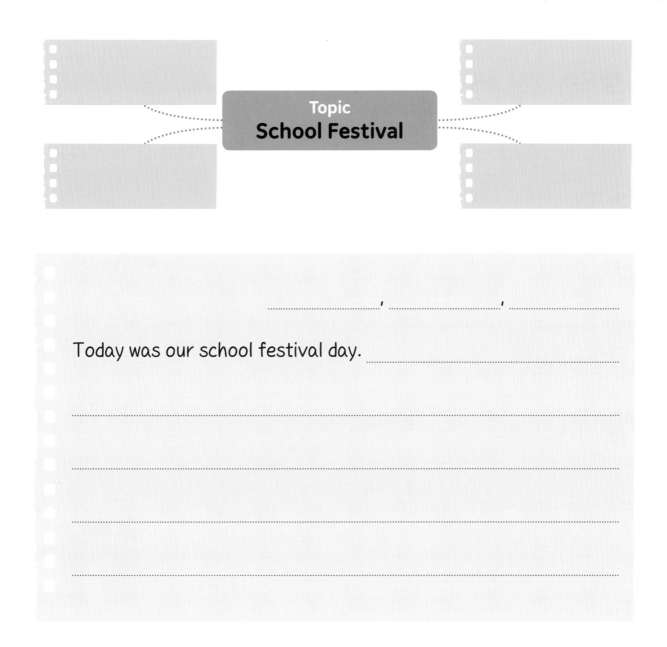

Topic
School Festival

Today was our school festival day.

Learn More Ed Sheeran

에드 시런은 2011년도에 데뷔해서 전 세계적으로 인기를 얻고 있는 영국 출신의 싱어송라이터(singer-song writer: 노래를 부르면서 작사나 작곡도 겸하여 하는 사람)입니다. 대표곡으로는 Shape of You, Perfect, Bad Habits, Thinking Out Loud 등이 있으며, 기타 연주도 매우 잘 합니다.

Day 12

Borrowing Books 책 빌리기

👤 Step 1 핵심 동사 익히기

borrow	① (물건을) 빌리다 ② (돈을) 꾸다	borrows	borrowed	borrowing
		3인칭 단수 현재	과거형	현재분사

▶ (물건을) 빌리다: **borrow + 물건 + from + 대상**

I borrowed an umbrella from Jane. 나는 제인한테 우산을 빌렸다.

▶ (돈을) 꾸다: **borrow + 액수 + from + 대상**

I borrowed 1 million won from the bank. 나는 은행에서 100만 원을 꿨다(대출받았다).

forget	잊다, 깜빡하다	forgets	forgot	forgetting
		3인칭 단수 현재	과거형	현재분사

🕵️ = 쭌쌤 1분 특강

> forget은 기억 속에서 깜빡한 경우에 씁니다. I forgot my umbrella. 라고 하면 '(비가 오는 상황을 보며) 집에 있는 우산을 깜빡하고 안 가져왔다.'라는 뜻이 됩니다. 물건을 잃어버렸을 때는 lose를 씁니다. I lost my umbrella.라고 하면 '(어딘가에 두고 왔는지) 우산을 잃어버려서 찾을 수가 없다.'라는 뜻이 됩니다.

▶ 잊다, 깜빡하다

I forgot his name. 나는 그의 이름을 깜빡했다.

▶ (~하는 것을) 깜빡하다: **forget + to + 동사**

I forgot to do my homework.

나는 숙제하는 것을 깜빡했다.

return	① 되돌려주다 ② 돌아오다	returns	returned	returning
		3인칭 단수 현재	과거형	현재분사

▶ 되돌려주다: **return + 물건 + to + 대상**

I returned the soccer ball to Jake. 나는 제이크에게 축구공을 되돌려주었다.

▶ (~로부터) 돌아오다: **return + from + 장소 (또는 상태)**

He returned from a trip yesterday. 그는 어제 여행에서 돌아왔다.

과학 숙제		도서관
science homework		library

Topic
Borrowing Books

대여 기간, 2주		반납하는 것을 깜박하다
rental period, 2 weeks		forget to return

Tuesday, March 25, Cloudy

I needed a book to do my science homework.

I borrowed 3 books from the library.

The rental period for those books was 2 weeks.

But I forgot to return them.

I can't borrow books for a week.

나는 과학 숙제를 하기 위해서 책이 필요했다.
나는 도서관에서 책을 3권 빌렸다.
그 책들의 대여 기간은 2주였다.
그런데 나는 그 책들을 반납하는 것을 깜빡했다.
나는 책을 1주일 동안 빌릴 수 없다.

Words

science 명 과학 I library 명 도서관 I rental 명 대여, 임대 I period 명 기간

I needed a book to do my .... homework.

나는 사회 숙제를 하기 위해서 책이 필요했다.

I .... 3 books from the ....

나는 지역 도서관에서 책을 3권 빌렸다.

.... for those books was 2 weeks.

그 책들의 대여 기간은 2주였다.

But I .... to .... them.

그런데 나는 그 책들을 반납하는 것을 깜빡했다.

I can't borrow books for* ....

나는 책을 1주일 동안 빌릴 수 없다.

Words

social studies 사회 교과 ∥ local 휑 지역의

Grammar Check   for ~ 동안(시간의 범위)

전치사 for의 가장 대표적인 뜻은 목적을 나타내는 '~을 위해'입니다. 예를 들어 This is for you.는 '이건 너를 위한 거야.'라는 뜻이 됩니다. for의 또 다른 뜻은 시간의 범위를 나타내는 '~ 동안'입니다. I slept for 4 hours. 라고 하면 '나는 4시간 동안 잤다.'라는 뜻이 됩니다. 이 밖에도 for에는 방향, 이유 등의 다양한 뜻이 있답니다.

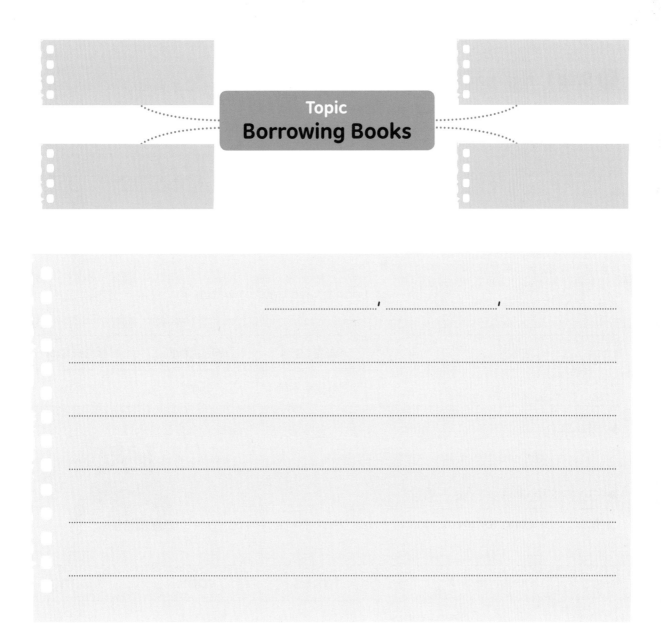

Topic
Borrowing Books

Learn More   교과목(subject)

1 science 과학	**2** Korean 한국어
3 ethics 윤리, 도덕	**4** math(mathematics) 수학
5 practical arts 실과	**6** creative experience activity 창의적 체험활동

👤 Step 1 핵심 동사 익히기

have	① (병 등에) 걸리다 ② (시간 등이) 있다	**has**	**had**	**having**
		3인칭 단수 현재	과거형	현재분사

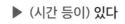 =쮼쌤 1분 특강

> have의 기본 뜻은 '가지고 있다'인데요. 이 뜻이 확대되어 여러 가지 의미를 갖게 됩니다. 몸속으로 나쁜 균을 갖게 되면 '병에 걸리다'라는 뜻이 되고, 시간을 갖게 되면 '~할 시간이 있다'라는 뜻이 됩니다.

▶ (병 등에) 걸리다

I have a stomachache. 나는 복통이 있다.

▶ (시간 등이) 있다

I don't have time to watch TV. 나는 TV 볼 시간이 없다.

wait	기다리다	**waits**	**waited**	**waiting**
		3인칭 단수 현재	과거형	현재분사

▶ 기다리다

Please wait your turn. 당신 차례를 기다려 주세요.

▶ (~을) 기다리다: wait for + 대상

Mom is waiting for me at home. 엄마는 집에서 나를 기다리고 있다.

take	① 잡다 ② (약을) 먹다 ③ (행동을) 취하다	**takes**	**took**	**taking**
		3인칭 단수 현재	🐾 과거형	현재분사

▶ 잡다

He took the rope and crossed the river. 그는 줄을 잡고 강을 건넜다.

▶ (약을) 먹다

You should take medicine three times a day. 당신은 하루에 세 번 약을 먹어야 합니다.

▶ (행동을) 취하다: take + (행동을 나타내는) 명사

I took a nap for three hours. 나는 낮잠을 3시간 동안 잤다.

병원
hospital

많은 환자
many patients

**Topic
Bad Cold**

기다리다
wait

약을 먹다
take medicine

Friday, October 5, Windy

I had a bad cold. I went to the hospital.

There were many patients in the hospital.

I waited for 30 minutes.

The doctor gave me a prescription.

I took medicine and took a nap.

나는 심한 감기에 걸렸다. 나는 (진료받기 위해) 병원에 갔다.

병원에는 환자가 많이 있었다.

나는 30분 동안 기다렸다.

의사 선생님이 약을 처방해 주셨다.

난 약을 먹고 낮잠을 잤다.

Words

bad cold 심한 감기 ❙ patient 몡 환자 혱 참을성 있는 ❙ for 젠 ~ 동안 ❙ prescription 몡 처방전 ❙ medicine 몡 약 ❙ nap 몡 낮잠

I _____ a bad cold. I went to the _____ .

나는 심한 감기(독감)에 걸렸다. 나는 약국에 갔다.

There were* many patients in the _____ .

약국에는 환자가 많이 있었다.

I _____ for 30 minutes.

나는 30분 동안 기다렸다.

_____ gave me medicine.

약사가 나에게 약을 주었다.

I _____ and took a nap.

난 약을 먹고 낮잠을 잤다.

Words

pharmacy 명 약국 ▌ pharmacist 명 약사

Grammar Check   there + be동사 ~이 있다

there는 '거기에'라는 뜻을 가지고 있지만 실제 문장에서는 해석되지 않고 be동사만 해석되기 때문에 '거기에 ~ 이 있다'가 아니라 '~이 있다'가 됩니다. 하나가 있을 때는 there is라고 쓰고, 여러 개가 있을 때는 there are로 쓰면 됩니다.

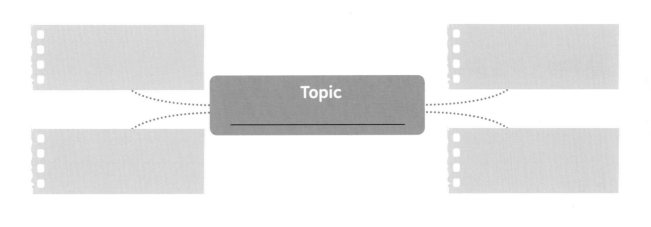

Topic

_____

_____ , _____ , _____

I had _____

Learn More   증상(symtom)

1 fever 열   2 headache 두통
3 runny nose 콧물   4 bloody nose 코피
5 toothache 치통   6 stomachache 복통

Day 14 Catching Dragonflies 잠자리 잡기

👤 Step 1 핵심 동사 익히기

fly	① 날다 ② 비행하다	flies	flew	flying
		3인칭 단수 현재	과거형	현재분사

▶ 날다

A pigeon is flying high in the sky. 비둘기가 하늘 높이 날아가고 있다.

▶ 비행하다

This plane flies from Seoul to Busan. 이 비행기는 서울에서 부산으로 비행한다.

Tip fly는 명사로 쓰면 '파리'라는 뜻이 됩니다.

try	① 시도하다, 노력하다 ② 시험 삼아 해보다	tries	tried	trying
		3인칭 단수 현재	과거형	현재분사

🎩 =쭌쌤 1분 특강

> 보통 'try to + 동사'는 쉽지 않은 일을 달성하기 위해 노력할 때 쓰는 표현이고, 'try + 동사-ing'는 어렵지 않은 일을 일단 한 번 시도해 볼 때 쓰는 표현입니다.

▶ 시도하다, 노력하다: **try + to + 동사**

The company is trying to create a new vaccine.

그 회사는 새로운 백신을 개발하기 위해 노력하고 있다.

▶ 시험 삼아 해 보다: **try + 동사-ing**

I tried taking this vitamin.

나는 시험 삼아 이 비타민을 먹어 보았다.

catch	① 잡다 ② 따라잡다	catches	caught	catching
		3인칭 단수 현재	과거형	현재분사

▶ 잡다

The police caught the thief. 경찰이 도둑을 붙잡았다.

▶ 따라잡다: **catch up with**

I'll catch up with you soon. 곧 당신을 뒤따라가겠습니다(따라잡겠습니다).

MP3-014

공원 주위 **around the park**	잡으려고 시도하다 **try to catch**

Topic
Catching
Dragonflies

쉽지 않은 **not easy**	한 마리를 잡다 **catch one**

Thursday, September 12, Warm

Dragonflies were flying around the park.

I tried to catch them.

However, it was not easy.

I waited until the dragonflies sat on the leaves and stopped.

In the end, I caught one.

잠자리들이 공원 주위를 날고 있었다.
나는 잠자리들을 잡으려고 시도했다.
그러나 그것은 쉽지 않았다.
나는 잠자리들이 나뭇잎에 앉아 멈출 때까지 기다렸다.
결국엔 한 마리를 잡았다.

Words

dragonfly 명 잠자리 ▮ around 전 ~의 주위에 ▮ until 접 ~할 때까지 ▮ leaf 명 나뭇잎 *복수형 leaves ▮ in the end 결국, 마지막에는

.... were .... around the ....

나비들이 정원 주위를 날고 있었다.

I .... them.

나는 나비들을 잡으려고 시도했다.

However, it was ....

그러나 그것은 어려웠다.

I .... until* the .... sat on the leaves and stopped.

나는 나비들이 나뭇잎에 앉아 멈출 때까지 기다렸다.

........................., I caught one.

결국엔 한 마리를 잡았다.

Words

butterfly 몡 나비 ▮ garden 몡 정원 ▮ difficult 혱 어려운

Grammar Check until ~할 때까지

'A until B'는 B 상황이 이루어질 때까지 A 상황을 계속할 때 쓰는 표현입니다. The store is open until 9 p.m.은 '그 가게는 (중간에 문을 닫지 않고) 9시까지 계속 영업한다.'라는 뜻이 됩니다. '계속'의 의미를 잘 기억해 두세요.

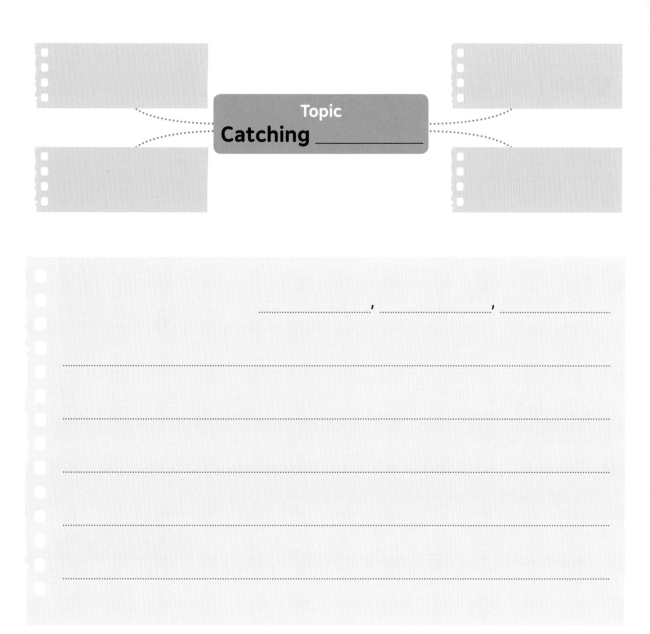

Topic
Catching _____

Learn More   곤충(insect)

1 grasshopper 메뚜기
2 beetle 딱정벌레
3 cicada 매미
4 bee 벌
5 ant 개미
6 fly 파리
7 mosquito 모기

👤 Step 1 핵심 동사 익히기

read	① 읽다 ② 적혀(쓰여) 있다	**read**s	**read**	**read**ing
		3인칭 단수 현재	과거형	현재분사

▶ **읽다**

I read 3 books a week. 나는 일주일에 책을 3권 읽는다.

▶ **적혀(쓰여) 있다**

The sign read 'No Entry'. 그 표지판에는 '출입 금지'라고 적혀 있었다.

love	① 사랑하다 ② (~하는 것을) 좋아하다	**love**s	**love**d	**lov**ing
		3인칭 단수 현재	과거형	현재분사

▶ **사랑하다**

My mom loves me so much. 엄마는 나를 정말 많이 사랑하신다.

▶ **(~하는 것을) 좋아하다: love + to + 동사**

I love to drive. 나는 운전하는 것을 좋아한다.

die	죽다	**die**s	**die**d	**dy**ing
		3인칭 단수 현재	과거형	현재분사

▶ **죽다: die of/from + 원인**

He died of cancer last year. 그는 작년에 암으로 죽었다.

Tip pass away는 die의 완곡한 표현입니다.

He *passed away from* cancer last year. 그는 작년에 암으로 돌아가셨다.

전기를 읽다
read a biography

조선 왕조
Joseon Dynasty

**Topic
King Sejong**

백성을 사랑하다
love people

한글을 발명하다
invent Hangul

Saturday, February 5, Snowy

I read the biography of King Sejong.

He was the fourth king of the Joseon Dynasty.

He loved his people very much.

He found out that they could not read and write.

He invented Hangul for them. He died in 1450.

나는 세종대왕의 전기를 읽었다.
그는 조선 왕조의 4번째 왕이었다.
그는 백성들을 정말 많이 사랑했다.
그는 백성들이 읽고 쓰지 못한다는 것을 알게 됐다.
그는 백성들을 위해 한글을 발명했다. 그는 1450년에 생을 마감했다.

Words

biography 명 전기(문) ▎ dynasty 명 왕조, 시대 ▎ invent 동 발명하다 ▎ find out 알아내다 ▎ write 동 쓰다

I _____ the biography of King Gwanggaeto.

나는 광개토대왕의 전기를 읽었다.

He was the _____ king of* Goguryeo.

그는 고구려의 19번째 왕이었다.

He _____ his people very much.

그는 백성들을 정말 많이 사랑했다.

He _____ our country.

그는 우리나라를 확장시켰다.

He _____ in 412.

그는 412년에 생을 마감했다.

Words

expand 동 확대시키다, 확장시키다 **|** country 명 국가, 나라

Grammar Check of ~의

of는 '소유'의 의미를 지닙니다. 일종의 포함 관계라고 할 수 있죠. the nineteenth king(A) of Goguryeo(B)는 고구려에는 여러 왕이 있고 그중 광개토대왕도 한 명의 왕이기 때문에 (B)가 (A)를 소유하고(포함하고) 있다는 의미가 됩니다.

ex) **The night view of Seoul is beautiful.**
   서울의 야경은 아름답다. (서울 안에 야경이 포함됨)

Topic
_____

I read _____ , _____ , _____

_____

_____

_____

_____

_____

Learn More 세계의 위인

1 Thomas Edison(1847~1931) invented the phonograph.
토머스 에디슨은 축음기를 발명했다.

2 Ludwig van Beethoven(1770~1827) was a German composer and pianist.
루트비히 판 베토벤은 독일의 작곡가이자 피아니스트였다.

3 William Shakespeare(1564-1616) was one of the greatest writers in the world.
윌리엄 셰익스피어는 세계에서 가장 위대한 작가들 중 한 사람이었다.

A 다음 우리말 뜻에 해당하는 영어 동사를 쓰세요.

1. (병 등에) 걸리다, (시간 등이) 있다 → have
2. 날다, 비행하다 → f_____
3. 춤추다 → d_____
4. 잊다, 깜빡하다 → f_____
5. 잡다, (약을) 먹다, (행동을) 취하다 → t_____
6. 죽다 → d_____
7. (물건을) 빌리다 → b_____
8. 기다리다 → w_____
9. 시도하다, 노력하다 → t_____
10. 노래하다 → s_____
11. 되돌려주다 → r_____
12. 기록하다, 녹화(녹음)하다 → r_____
13. 잡다 → c_____
14. 사랑하다 → l_____
15. 읽다, 적혀(쓰여) 있다 → r_____

B 다음 영단어와 뜻을 알맞게 연결하세요.

1. patient ⦁   ⦁ ⓐ 도서관
2. clap ⦁   ⦁ ⓑ 환자
3. leaf ⦁   ⦁ ⓒ 잠자리
4. library ⦁   ⦁ ⓓ 박수를 치다
5. dragonfly ⦁   ⦁ ⓔ 나뭇잎
6. festival ⦁   ⦁ ⓕ 발명하다
7. invent ⦁   ⦁ ⓖ 축제
8. medicine ⦁   ⦁ ⓗ 과학
9. write ⦁   ⦁ ⓘ 쓰다
10. science ⦁   ⦁ ⓙ 약

C 다음 우리말 뜻에 알맞게 빈칸을 채워 영어 문장을 완성하세요.

1 There were ＿＿＿＿a lot of＿＿＿＿ events.

(축제에는) 많은 이벤트가 있었다.

2 ＿＿＿＿＿＿＿＿＿＿＿＿＿＿ for 3 books was 2 weeks.

책 3권의 대여 기간은 2주였다.

3 ＿＿＿＿＿＿＿＿＿＿＿＿＿＿＿＿ gave me medicine.

약사가 나에게 약을 주었다.

4 ＿＿＿＿＿＿＿＿＿＿＿, I caught one.

결국엔 하나를 잡았다.

5 He ＿＿＿＿＿＿＿ our country.

그는 우리나라를 확장시켰다.

D 다음 제시된 영어 동사를 활용해서 우리말 뜻에 알맞게 영어 문장을 쓰세요.

1 dance ＿＿＿＿I danced to K-pop music.＿＿＿＿

나는 K팝 음악에 맞춰 춤을 췄다.

2 borrow ＿＿＿＿＿＿＿＿＿＿＿＿＿＿＿＿＿＿＿

나는 도서관에서 책을 3권 빌렸다.

3 wait ＿＿＿＿＿＿＿＿＿＿＿＿＿＿＿＿＿＿＿

나는 30분 동안 기다렸다.

4 try, catch ＿＿＿＿＿＿＿＿＿＿＿＿＿＿＿＿

나는 잠자리들을 잡으려고 시도했다.

5 love ＿＿＿＿＿＿＿＿＿＿＿＿＿＿＿＿＿＿＿

그는 백성들을 정말 많이 사랑했다.

Week 4

Sending a Message 메시지 보내기

👤 Step 1 핵심 동사 익히기

help	① 돕다 ② (음식 등을) 먹다	helps	helped	helping
		3인칭 단수 현재	과거형	현재분사

▶ 돕다: **help** + 대상

Can you help me? 당신은 나를 도와줄 수 있나요?

▶ 돕다: **help** + 대상 + **with** + 대상의 일

I helped her with her housework. 나는 그녀의 집안일을 도왔다.

▶ (~가 …하는 것을) 돕다: **help** + 대상 + **(to)** + 동사

He helped me wash the car. 그는 내가 세차하는 것을 도와줬다.

* to는 생략하는 경우가 많아요.

▶ (음식 등을) 먹다

Help yourself. (음식을) 마음껏 드세요.

* 일반적으로 음식을 먹을 때는 eat을 사용하고, 손님에게 '마음껏 드세요.'라고 말할 때는 Help yourself.를 씁니다.

Tip help는 명사로도 쓰이며, 뜻은 '도움, 지원'입니다.

send	보내다, 전하다	sends	sent	sending
		3인칭 단수 현재	과거형	현재분사

▶ (~에게 …을) 보내다, 전하다: **send** + 물건/이메일/메시지 + **to** + 대상

I sent a package to my aunt. 나는 이모에게 소포를 보냈다.

▶ (~에게 …을) 보내다, 전하다: **send** + 대상 + 물건/이메일/메시지

She sent me an email. 그녀는 나에게 이메일을 보냈다.

Tip (~에게서 …을) 받다, 얻다: receive + 물건/이메일/메시지 + from + 대상

I *received* a letter *from* my grandmother. 나는 할머니께 편지를 받았다.

수학을 못하는
not good at math

John이 나를 도와주다
John helps me

**Topic
Sending a Message**

John에게 메시지를 보내다
**send John
a message**

John이 답장을 하다
John sends a reply

Wednesday, May 8, Clear

I'm not good at math.

I asked John for help.

John helped me solve a math problem.

I sent him a message in the evening, "Thank you for helping me."

An hour later, John sent a reply, "I was glad to help you."

나는 수학을 잘하지 못한다.
나는 John에게 도움을 요청했다.
John은 내가 수학 문제 푸는 것을 도와주었다.
나는 저녁에 John에게 메시지를 보냈다. "나를 도와줘서 고마워."
한 시간 뒤에 John이 답장을 보냈다. "너를 도와줘서 기뻤어."

Words

be good at ~을 잘하다 ∎ ask for help 도움을 청하다 ∎ solve 동 (문제 등을) 풀다, 해결하다 ∎ problem 명 문제
∎ in the evening 저녁에 ∎ later 부 나중에, 뒤에 ∎ reply 명 대답, 응답 동 대답하다

I'm not _____.

나는 영어를 잘하지 못한다.

I _____ Sharon for help.

나는 Sharon에게 도움을 요청했다.

Sharon _____ me _____.

Sharon은 내가 영어를 쓰는 것을 도와주었다.

I _____ her a message _____, "Thank you for*

helping me."

나는 밤에 그녀에게 메시지를 보냈다. "나를 도와줘서 고마워."

Sharon sent a _____ soon, "I was _____ to help you."

Sharon이 바로 답장을 보냈다. "너를 도와줘서 기뻤어."

Words

write 동 쓰다 ▮ night 명 밤 ▮ soon 부 곧, 머지않아 ▮ glad 형 기쁜

Grammar Check **Thank you for ~해 줘서 고마워**

for 뒤에는 명사가 와야 해요. 그래서 동사의 의미를 갖는 표현을 쓸 때는 동사를 명사형(동사-ing)으로 바꾸어서 씁니다. 자주 쓰이는 표현 몇 가지를 통째로 외워두면 많은 도움이 됩니다.

1 **Thank you for your time.** 시간 내주셔서 감사합니다.

2 **Thank you for listening.** (청중에게) 들어주셔서 감사합니다.

3 **Thank you for coming.** 와주셔서 감사합니다.

4 **Thank you for joining us.** 함께 해 주셔서 감사합니다.

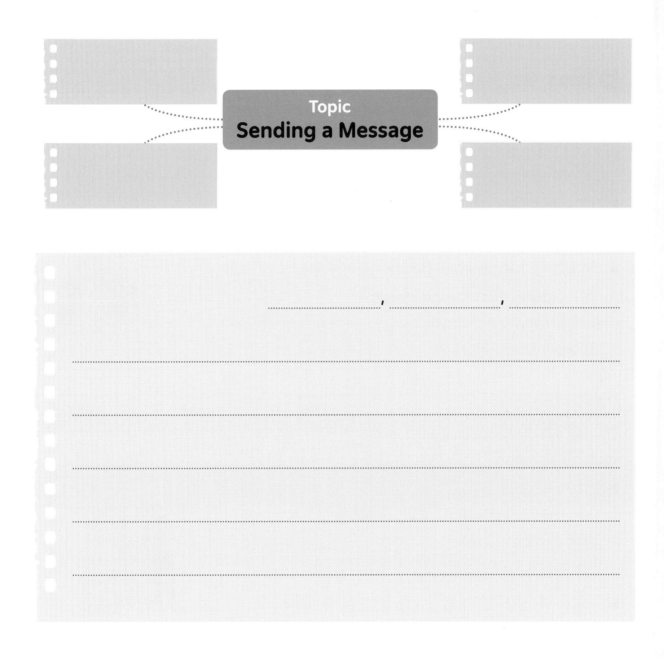

Topic
Sending a Message

Learn More 단어 이야기 ❸ re(뒤, 다시)

re는 '뒤'라는 뜻이 있는 어원이에요. 마트 판매대에 줄을 서서 물건을 산 후 다시 뒤로 가서 줄을 서면 또 물건을 살 수 있는 것처럼 re는 '다시'의 의미도 있답니다. reply는 '다시(re) + 접다(ply)'인데요. 접힌 편지지를 펴서 답장을 쓴 후 다시 접기 때문에 '대답하다'의 뜻이 된답니다. return은 '다시(re) + 돌다(turn)'로 '돌아가다'는 뜻이 되고요. rehearsal은 're(다시) + hear(듣다) + sal'이 되어 '(공연 등의) 예행연습'이라는 뜻이 됩니다.

👤 Step 1 핵심 동사 익히기

think	생각하다	thinks	thought	thinking
		3인칭 단수 현재	과거형	현재분사

▶ (~에 대해) 생각하다: **think about + 주제**

I'll think about it later. 나는 그것에 대해 나중에 생각할 것이다.

▶ (~이라고) 생각하다: **think + (that) + 주어 + 동사**

Do you think (that) he is 10 years old?

당신은 그가 10살이라고 생각합니까?

I thought he was kind. 나는 그가 친절하다고 생각했다.

sell	① 팔다 ② 팔리다	sells	sold	selling
		3인칭 단수 현재	과거형	현재분사

▶ 팔다

The supermarket sells meat at a discount.

마트에서 고기를 할인해서 판다.

* at a discount 할인해서

▶ (~에게 …을) 팔다: **sell + 물건 + to + 대상 (for + 금액)**

I sold my car to my friend for 10 million won.

나는 내 자동차를 친구에게 1,000만 원에 팔았다.

▶ 팔리다

This book sold 10,000 copies in one month.

이 책은 한 달 동안 1만 부가 팔렸다.

Tip (물건을) 사다: **buy** * 과거형은 bought

I *bought* a new bag. 나는 새 가방을 샀다.

학교에서
at school

무엇을 가져갈지
what to take

Topic
Flea Market

장난감들
toys

그것들 중 몇 개를 팔다
sell some of them

Tuesday, October 5, Cool

There will be a flea market at school tomorrow.

I thought about what to take.

There are a lot of toys in my room.

I will sell some of them tomorrow.

I'm looking forward to tomorrow.

내일 학교에서 벼룩시장이 열린다.
나는 무엇을 가져갈지 생각했다.
내 방에 장난감이 많이 있다.
나는 내일 그것들 중 몇 개를 팔 것이다.
나는 내일이 기대된다.

Words

flea 명 벼룩 ❙ flea market 벼룩시장 ❙ take 동 가지고 가다 ❙ a lot of 많은 ❙ some of ~ 중의 조금 ❙ look forward to ~을 기대하다

There will be a flea market ....

.... tomorrow.

내일 아파트 단지에서 벼룩시장이 열린다.

I .... what to take.*

나는 무엇을 가져갈지 생각했다.

There are a lot of .... in my room.

내 방에 인형이 많이 있다.

I will .... some of them tomorrow.

나는 내일 그것들 중 몇 개를 팔 것이다.

I'm .... tomorrow.

나는 내일이 기대된다.

Words

apartment 명 아파트 **l** complex 명 단지 형 복합의

Grammar Check **what to + 동사 무엇을 ~할지**

주로 know(알다), think(생각하다), tell(말하다) 등의 동사 뒤에 'what to + 동사'를 씁니다. what to eat은 '무엇을 먹을지'라는 뜻이 되고, what to sell은 '무엇을 팔지'라는 뜻이 됩니다. 그럼, know what to eat은 무슨 뜻일까요? '무엇을 먹을지 알다'라는 뜻이 된답니다.

Topic
Flea Market

............................., ..., ...

There will be a flea market ....

....

....

....

Learn More 많은 양 표현

1 a lot of + 셀 수 있는/없는 명사   ex) a lot of cars (○), a lot of water (○)

2 many + 셀 수 있는 명사   ex) many books (○), many information (×)

3 much + 셀 수 없는 명사   ex) much books (×), much information (○)

Exercise 운동

👤 Step 1 핵심 동사 익히기

exercise	① 운동하다 ② (~을) 운동시키다	exercises	exercised	exercising
		3인칭 단수 현재	과거형	현재분사

▶ 운동하다

I am tired because I exercised a lot yesterday. 나는 어제 운동을 많이 해서 피곤하다.

▶ (~을) 운동시키다

She exercises her dog every day. 그녀는 매일 그녀의 개를 운동시킨다.

Tip exercise는 명사로도 쓰이며 '운동'과 함께 '연습 문제'라는 뜻도 있습니다.
여러분들이 푸는 수학 연습 문제 또한 exercise랍니다.

start	① 시작하다 ② 시작되다 ③ 출발하다	starts	started	starting
		3인칭 단수 현재	과거형	현재분사

▶ 시작하다: start + 대상 / start + 동사-ing

He starts work at eight. 그는 일을 8시에 시작한다.

He started doing his homework. 그는 숙제를 시작했다.

▶ 시작되다

The performance starts at 9 o'clock. 공연은 9시에 시작된다.

▶ 출발하다

The bus starts on time. 버스는 정각에 출발한다.

walk	걷다	walks	walked	walking
		3인칭 단수 현재	과거형	현재분사

▶ 걷다

My dad walks 30 minutes every day. 아빠는 매일 30분씩 걷는다.

Tip walk의 명사 뜻은 '걷기'이며, go for a walk는 '산책하러 가다'라는 뜻이 됩니다.

MP3-018

건강이 중요하다 **health is important**	보건 선생님 **the school health teacher**

Topic
Exercise

운동이 필요하다 **need to exercise**	걷기를 시작하다 **start walking**

Thursday, June 3, Warm

Many people say health is the most important thing.

Today, the school health teacher said, "We should exercise three days a week."

I don't like exercising; I like playing games.

I need to exercise for my health.

I will start walking every day from tomorrow.

많은 사람이 건강이 가장 중요한 것이라고 말한다.
오늘 보건 선생님께서 "우리는 일주일에 3일은 운동해야 한다."고 말씀하셨다.
나는 운동을 좋아하지 않고, 게임하는 것을 좋아한다.
나는 건강을 위해 운동할 필요가 있다.
나는 내일부터 매일 걷기를 시작할 것이다.

Words

most 톤 가장, 최고의 ┃ important 형 중요한 ┃ health teacher 보건교사 ┃ should + 동사 ~해야 하다 ┃ a ~마다(= per)

.... say health is the most* ....

어른들은 건강이 가장 중요한 것이라고 말한다.

Today, the school health teacher said, "We ....

three days a week."

오늘 보건 선생님께서 "우리는 일주일에 3일은 운동해야 한다."고 말씀하셨다.

I don't like exercising; I like ....

나는 운동을 좋아하지 않고, TV 보는 것을 좋아한다.

I .... for my health.

나는 건강을 위해 운동할 필요가 있다.

I will .... every .... from tomorrow.

나는 내일부터 격일로 걷기를 시작할 것이다.

Words

adult 명 어른 ❙ every other day 하루 걸러(격일로)

Grammar Check **the most 가장 ~한**

the most는 여러 개 중 가장 으뜸인 것을 나타낼 때 쓰는 표현이에요. 'the most + 형용사 + 명사' 형태로 쓰이고 해석은 '가장 ~한 …'로 하면 돼요. 예를 들어, the most important event는 '가장 중요한 행사'로 해석할 수 있어요. 이때 형용사는 3음절 이상이 되어야 한다는 것도 기억해 둡시다.

Topic
Exercise

Many people say

Learn More   work out

exercise와 함께 work out도 '운동하다'라는 뜻으로 많이 쓰이는데, 의미에는 약간의 의미 차이가 있습니다. exercise는 걷기, 뛰기, 스트레칭 등 일상적으로 하는 운동을 가리키고, work out은 근육을 만들기 위해 주로 실내에서 하는 운동을 가리킵니다.

ex) Running is a good exercise. 달리기는 좋은 운동이다.

   I work out at the gym. 나는 헬스장에서 운동을 한다.

👤 Step 1 핵심 동사 익히기

become	~이 되다	becomes	became	becoming
		3인칭 단수 현재	과거형	현재분사

▶ ~이 되다

He became a famous singer. 그는 유명한 가수가 되었다.

Tip 위 문장에서 주어(He)와 보어(a famous singer)는 동일 인물입니다. become 동사의 특징이니 잘 기억해 둡시다.

discuss	(~에 대해) 의논하다	discusses	discussed	discussing
		3인칭 단수 현재	과거형	현재분사

=쭌쌤 1분 특강

discuss 단어 안에 '~에 대해'라는 의미가 포함되어 있어서 '~에 대해'라는 뜻이 있는 about을 사용하면 안 됩니다.

She discussed about her plans with her friend.(X)

▶ (~에 대해 …와) 의논하다: **discuss + 주제 + with + 대상**

She discussed her plans with her friend.

그녀는 자기의 친구와 자신의 계획을 의논했다.

agree	① (~에) 동의하다 ② 합의를 보다	agrees	agreed	agreeing
		3인칭 단수 현재	과거형	현재분사

▶ (~에) 동의하다: **agree with + 주제 / agree with + 대상 (about + 주제)**

The teacher agreed with my opinion. 선생님은 나의 의견에 동의했다.

▶ 합의를 보다: **agree + about + 주제 / agree + to + 동사**

We agreed to eat hamburgers. 우리는 햄버거를 먹기로 합의를 보았다.

MP3-019

중학생
**middle school
student**

중학교 입학에 대해 의논하다
**discuss middle
school entrance**

**Topic
Discussing Middle
School Entrance**

친구와 같은 학교
**the same school
as my friend**

근처 학교
a nearby school

Sunday, November 12, Cold

I will become a middle school student next year.

I discussed middle school entrance with my mom.

I wanted to go to the same school as my friend.

However, she wanted me to go to a nearby school.

I talked to her for one hour, and she agreed with my idea.

나는 내년에 중학생이 된다.
나는 엄마와 함께 중학교 입학에 대해 의논했다.
나는 친구와 같은 학교에 가길 원했다.
하지만 엄마는 내가 근처 학교에 가길 원했다.
나는 엄마와 한 시간 동안 얘기를 했고, 엄마는 나의 생각에 동의해 주셨다.

Words

middle 형 한가운데의 명 중앙 ∥ entrance 명 입학, 입장 ∥ the same A as B B와 같은 A ∥ nearby 형 근처의,
바로 가까이의

I will .... a middle school student next year.

나는 내년에 중학생이 된다.

I .... middle school entrance .... my mom.

나는 엄마와 함께 중학교 입학에 대해 의논했다.

I wanted to go to an ....

나는 예술 중학교에 가길 원했다.

However,* she wanted me to go to a ....

하지만 엄마는 내가 근처 학교에 가길 원했다.

I talked to her for one hour, and she ....

나는 엄마와 한 시간 동안 얘기를 했고, 엄마는 나의 결정에 동의해 주셨다.

Words

art 몡 예술 ∣ decision 몡 결정

Grammar Check however vs. but 그러나, 하지만

however와 but 모두 뜻은 '그러나, 하지만'입니다. 하지만 두 단어의 종류가 달라요. however는 부사이고 but은 접속사에요. 접속사는 문장을 이어 주는 역할을 하기 때문에 but 뒤에 바로 문장이 올 수 있어요. 그러나 부사는 문장을 수식하는 역할을 하기 때문에 however 뒤에는 ,(쉼표)를 추가해서 이어지는 문장과 구분을 짓는답니다.

ex) I was hungry but I didn't eat. 나는 배고팠지만 먹지 않았다.

I was hungry. However, I didn't eat. 나는 배고팠다. 하지만 나는 먹지 않았다.

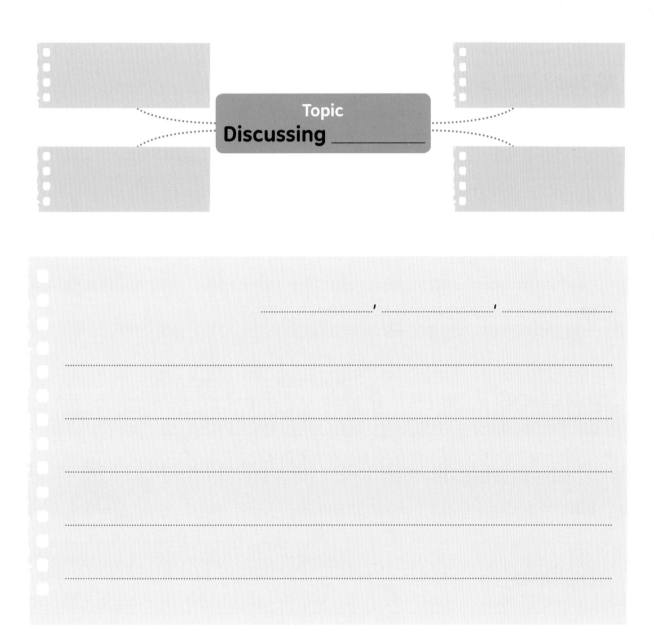

Topic
Discussing _____

Learn More 학교

1 kindergarten, preschool 유치원
2 elementary school 초등학교
3 middle school 중학교
4 high school 고등학교
5 university 종합 대학 *다양한 학문을 연구하는 대학, 보통 단과대학들이 모여 종합대학을 이룸
6 college 단과 대학 *하나의 학문을 집중적으로 연구하는 대학

👤 Step 1 핵심 동사 익히기

learn	배우다	learns	learned	learning
		3인칭 단수 현재	과거형	현재분사

▶ 배우다

I learn English at school. 나는 학교에서 영어를 배운다.

▶ (~하는 것을) 배우다: learn + to + 동사

I will learn to swim during vacation. 나는 방학 때 수영을 배울 것이다.

Tip study는 적극적으로 노력해서 공부하는 것을 의미하며,
learn은 다른 누군가로부터 배워서 몸에 익숙해지는 과정을 의미합니다.

practice	연습하다	practices	practiced	practicing
		3인칭 단수 현재	과거형	현재분사

▶ 연습하다: practice + 대상 / practice + 동사-ing

He practiced writing every day. 그는 글쓰기를 매일 연습했다.

Tip practice가 명사로 쓰이면 '연습'이라는 뜻이고, '관행, 관습'의 의미로도 쓰입니다.

believe	믿다	believes	believed	believing
		3인칭 단수 현재	과거형	현재분사

▶ 믿다

I don't believe you. 나는 당신을 믿지 않습니다.

▶ (~이라고) 믿다: believe + (that) + 주어 + 동사

The police believe (that) he is the criminal. 경찰은 그가 범인이라고 믿는다.

* the police + 복수형 동사

▶ (어떤 존재, 인격을) 믿다: believe in

Do you believe in God? 당신은 신을 믿습니까?

형
my older brother

기타를 연주하다
play the guitar

Topic
Learning Guitar

연습하다
practice

나를 믿는다
believe in myself

Wednesday, August 11, Hot

My older brother is good at playing the guitar.

I learned to play the guitar from him.

My hands hurt when I played the guitar.

However, I feel better when I play the guitar.

I will practice the guitar every day. I believe in myself.

나의 형은 기타 연주를 잘한다.
나는 형한테 기타 연주하는 것을 배웠다.
나는 기타를 연주할 때 손이 아팠다.
하지만 나는 기타를 연주하면 기분이 더 좋아진다.
나는 기타를 매일 연습할 것이다. 나는 내 자신을 믿는다.

Words

older 형 나이가 더 많은 ▍ hurt 동 아프다 *과거형 hurt ▍ better 형 더 좋은, 더 나은 ▍ myself 대 나 자신

My older* _____ is _____ playing the _____.

나의 누나는 피아노 연주를 잘한다.

I _____ play the piano from her.

나는 누나한테 피아노 연주하는 것을 배웠다.

_____ hurt when I played the piano.

나는 피아노를 연주할 때 팔이 아팠다.

However, I _____ when I play the piano.

하지만 나는 피아노를 연주하면 기분이 더 좋아진다.

I will _____ the piano every day. I _____ in myself.

나는 피아노를 매일 연습할 것이다. 나는 내 자신을 믿는다.

Words

arm 명 팔

Grammar Check   비교급 -er 더 ~한

형용사에 er을 붙이면 '더 ~한'이라는 뜻이 됩니다. '나이 든'의 뜻을 가지고 있는 old에 er을 붙이면 '더 나이 든' 이란 뜻이 됩니다. smart(똑똑한)에 er을 붙이면 '더 똑똑한'이란 뜻이 되고요.

* 비교급 만드는 규칙

1 e로 끝나는 형용사: + r   ex) large → larger 더 큰
2 '단모음 + 단자음'으로 끝나는 형용사: 마지막 자음 한 번 더 + er   ex) big → bigger 더 큰
3 '자음 + y'로 끝나는 형용사: y를 i로 바꾸고 + er   ex) happy → happier 더 행복한

Topic
Learning _____

_____, _____, _____

Learn More '연습' 관련 영어 속담/명언

1. **Practice makes perfect.** 연습은 완벽함을 만든다.
   * perfect [형] 완벽한
2. **Patience and diligence, like faith, remove mountains.** 인내와 근면은 믿음과 같아서 산을 옮긴다.
   * patience [명] 인내　dilligence [명] 근면　faith [명] 믿음, 신뢰　remove [동] 옮기다

A 다음 우리말 뜻에 알맞게 영어 철자를 바르게 배열해서 맞는 동사를 쓰세요.

1	팔다, 팔리다	lles	sell
2	~이 되다	cmoeeb	
3	걷다	kalw	
4	배우다	nreal	
5	돕다, (음식 등을) 먹다	eplh	
6	믿다	veebiel	
7	(~에) 동의하다, 합의를 보다	geaer	
8	운동하다, (~을) 운동시키다	ereescix	
9	보내다, 전하다	dnes	
10	시작하다, 시작되다, 출발하다	sratt	
11	(~에 대해) 의논하다	ssidsuc	
12	생각하다	kniht	
13	연습하다	ariteccp	

B 다음 우리말 뜻에 해당하는 영어 단어를 찾아 표시하고, 빈칸에 써 보세요.

e	s	t	u	e	b	n	p	t	f
n	o	c	d	f	e	r	h	n	l
t	l	a	q	a	o	d	i	e	e
r	v	f	r	b	l	k	p	m	s
a	e	b	l	u	w	n	x	t	y
n	y	e	o	n	b	r	z	r	m
c	m	h	f	n	k	p	s	a	p
e	s	r	e	t	t	e	b	p	j
e	a	e	l	f	a	i	m	a	v
i	m	p	o	r	t	a	n	t	d

1 해결하다   s<u>olve</u>

2 문제   p_____

3 벼룩   f_____

4 아파트   a_____

5 ~해야 한다   s_____

6 중요한   i_____

7 입학   e_____

8 근처의   n_____

9 더 좋은   b_____

10 나 자신   m_____

C 다음 우리말 뜻에 알맞게 빈칸을 채워 영어 문장을 완성하세요.

1 I'm not ＿＿＿＿＿ *good at English* ＿＿＿＿＿.

나는 영어를 잘하지 못한다.

2 I'm ＿＿＿＿＿＿＿＿＿＿＿ tomorrow.

나는 내일이 기대된다.

3 ＿＿＿＿＿ say health is the most ＿＿＿＿＿＿＿＿＿.

어른들은 건강이 가장 중요한 것이라고 말한다.

4 I wanted to go to an ＿＿＿＿＿＿＿＿＿＿.

나는 예술 중학교에 가길 원했다.

5 ＿＿＿＿＿ hurt when I played the piano.

나는 피아노를 연주할 때 팔이 아팠다.

D 다음 우리말 뜻에 알맞게 단어를 바르게 배열해서 문장을 쓰세요.

1 ＿＿＿ *John helped me solve a math problem.* ＿＿＿

(John / math / helped / solve / me / problem / a) John은 내가 수학 문제 푸는 것을 도와주었다.

2 ＿＿＿＿＿＿＿＿＿＿＿＿＿＿＿

(I / take / about / thought / to / what) 나는 무엇을 가져갈지 생각했다.

3 ＿＿＿＿＿＿＿＿＿＿＿＿＿＿＿

(tomorrow / I / from / will / start / day / walking / every)

나는 내일부터 매일 걷기를 시작할 것이다.

4 ＿＿＿＿＿＿＿＿＿＿＿＿＿＿＿

(my / I / school / middle / with / discussed / entrance / mom)

나는 엄마와 함께 중학교 입학에 대해 의논했다.

5 ＿＿＿＿＿＿＿＿＿＿＿＿＿＿＿

(day / the / I / practice / every / guitar / will) 나는 기타를 매일 연습할 것이다.

Week 5

👤 Step 1 핵심 동사 익히기

feel	① (감정을) 느끼다 ② (촉감으로) 느끼다	feels	felt	feeling
		3인칭 단수 현재	과거형	현재분사

▶ **(감정을) 느끼다**

I felt good because I got 100 points in math.

나는 수학에서 100점을 받아서 좋은 기분을 느꼈다(기분이 좋았다).

▶ **(촉감으로) 느끼다**

I felt the warmth of my mother's hands. 엄마의 손에서 따뜻함이 느껴졌다.

call	① 부르다 ② 전화하다	calls	called	calling
		3인칭 단수 현재	과거형	현재분사

▶ **(~을) 부르다**

I called him loudly. 나는 그를 큰 목소리로 불렀다.

▶ **(A를 B라고) 부르다: call + A + B** * 'A에게 B라는 이름을 지어주다'라는 뜻도 있어요.

People call him Peter Pan. 사람들은 그를 피터 팬이라고 부른다.

▶ **전화하다**

I will call you back later. 나중에 다시 전화할게요.

talk	말하다	talks	talked	talking
		3인칭 단수 현재	과거형	현재분사

 = 쭌쌤 1분 특강

to는 '방향성'을 나타내서 talk to는 '(~에게) 말하다'라는 뜻이 되고, with는 '함께'라는 의미로 talk with는 '(~와) 말하다'라는 뜻이 됩니다.

▶ **(~에게) 말하다: talk + to + 대상 (about + 주제)**

I talked to my friend about the sports day.

나는 친구에게 운동회에 대해 말했다.

▶ **(~와) 말하다: talk + with + 대상 (about + 주제)**

I talked with my friend about the sports day.

나는 친구와 운동회에 대해 말했다.

지루함을 느끼다
feel bored

전화를 안 받다
don't answer
the phone

**Topic
Boring Day**

엄마는 바쁘다
mom is busy

책을 읽다
read books

Sunday, February 20, Snowy

I felt bored all day.

I called my friend but he didn't answer the phone.

I tried talking to my mom.

However, she was busy with housework.

In the end, I spent my time reading books.

나는 하루 종일 지루함을 느꼈다.

나는 친구에게 전화를 했지만 친구는 전화를 받지 않았다.

나는 엄마와 대화하려고 시도했다.

하지만 엄마는 집안일로 바빴다.

결국 나는 책을 읽으며 시간을 보냈다.

Words

bored 형 지루한 ▮ answer 동 대답하다 ▮ try + 동사-ing ~을 시도하다 ▮ housework 명 집안일 ▮ spend 동 (시간을) 보내다, (돈을) 쓰다 *과거형 spent

I _____ all day.

나는 하루 종일 지루함을 느꼈다.

I _____ Kevin but he _____ to talk with me.

나는 Kevin에게 전화를 했지만 그는 나와 통화할 시간이 없었다.

I _____ to my _____.

나는 남동생과 대화하려고 시도했다.

However, he was busy with _____.

하지만 동생은 숙제로 바빴다.

In the end, I spent* my time _____.

결국 나는 내 방을 정리하며 시간을 보냈다.

Words

have time 시간이 있다 ∥ tidy up 정리하다

Grammar Check spend + 시간/돈 + 동사-ing ~하느라 시간을 보내다/돈을 쓰다

spend 다음에 시간이 오면 '시간을 보내다'라는 뜻이 됩니다. 여기에 '동사-ing'가 오면 '~하느라 시간을 보내다'라는 뜻이 됩니다. spend 다음에 돈이 오면 '돈을 쓰다'라는 뜻이 되고, 그 뒤에 '동사-ing'가 오면 '~하느라 돈을 쓰다'라는 뜻이 됩니다.

ex) I spent a week **studying math**. (시간) 나는 수학 공부하느라 1주일을 보냈다.
I spent a million **won traveling**. (돈) 나는 여행하느라 100만 원을 썼다.

Topic
Boring Day

I felt bored all day.

Learn More   전화 표현

1 This is + 이름. (전화를 받은 사람은) ~입니다.
2 (May I ask) who is calling? 전화하신 분은 누구신가요(누구신지 여쭤어도 될까요)?
3 What is this about? 어떤 일로 전화하셨나요?
4 Please feel free to call me. 편하실 때 전화 주세요.
5 Could you speak up? 크게 말씀해 주시겠어요?

👤 Step 1 핵심 동사 익히기

collect	모으다, 수집하다	collects	collected	collecting
		3인칭 단수 현재	과거형	현재분사

▶ 모으다, 수집하다

We can collect a lot of information from the Internet.

우리는 인터넷에서 많은 정보를 모을 수 있다.

She collects stamps. 그녀는 우표를 수집한다.

listen	① 듣다 ② 귀를 기울이다	listens	listened	listening
		3인칭 단수 현재	과거형	현재분사

 **=쭌쌤 1분 특강**

listen과 hear 모두 '듣다'라는 뜻을 가지고 있는데요. listen은 듣기 평가나 음악 소리 등을 의식적으로 집중해서 들을 때 쓰이며, hear는 천둥소리나 파도 소리 같은 것을 청각을 통해 무의식적으로 들을 때 쓰입니다.

▶ 듣다: **listen + to + 대상(소리)**

I often listen to pop songs.

나는 종종 팝송을 듣는다.

▶ 귀를 기울이다: **listen + to + 충고 (또는 요구)**

You should listen to your teacher's advice.

당신은 선생님의 충고에 귀를 기울여야 합니다.

turn	① 돌다 ② 돌리다	turns	turned	turning
		3인칭 단수 현재	과거형	현재분사

▶ 돌다

Go straight 2 blocks and turn right at the corner.

두 블록 직진하고 코너에서 오른쪽으로 도세요.

▶ 돌리다

He turned the steering wheel to go home. 그는 집으로 가기 위해 자동차 핸들을 돌렸다.

Tip turn on은 '(라디오, TV, 전기 등을) 켜다'라는 뜻이에요.

MP3-022

앨범을 모으다 **collect albums**		앨범 음악 듣다 **listen to album music**
	Topic My Hobby	
스마트 TV를 켜다 **turn on the smart TV**		뮤직비디오를 보다 **watch music videos**

Friday, May 12, Warm

My hobby is collecting my favorite singer's albums.

I have over twenty albums.

I listen to album music whenever I have time.

I sometimes turn on the smart TV and watch music videos.

I try easy dances while watching the music video.

내 취미는 내가 아주 좋아하는 가수의 앨범을 모으는 것이다.
나는 20장 이상의 앨범을 가지고 있다.
나는 시간이 날 때마다 앨범 음악을 듣는다.
나는 가끔 스마트 TV를 켜서 뮤직비디오를 본다.
나는 뮤직비디오를 보면서 쉬운 춤을 따라 해본다.

Words

hobby 명 취미 ▮ favorite 형 매우 좋아하는 ▮ whenever 접 ~할 때마다 ▮ sometimes 부 때때로, 가끔

My hobby is .... my favorite singer's albums.

내 취미는 내가 아주 좋아하는 가수의 앨범을 모으는 것이다.

I have over .... albums.

나는 30장 이상의 앨범을 가지고 있다.

I .... album music ....

나는 거의 매일 앨범 음악을 듣는다.

I sometimes .... * the smart TV and .... music videos.

나는 가끔 스마트 TV를 켜서 뮤직비디오를 본다.

I .... easy dances .... watching the music video.

나는 뮤직비디오를 보면서 쉬운 춤을 따라 해본다.

Words

thirty 주 30, 서른 ∥ almost 부 거의, 대부분

Grammar Check turn on ~을 켜다

turn의 기본 뜻은 '돌리다'이고, Day 7에서 on은 '접촉'의 의미라고 배웠습니다. 두 전선의 방향을 돌려서(turn) 접촉(on)이 되면 전기가 흐르기 때문에 '~을 켜다'라는 뜻이 되는 겁니다. on과 반대로 off는 '분리'의 뜻을 가지고 있어요. 따라서 turn off는 전선의 방향을 돌려서 분리시키는 것이기 때문에 '~을 끄다'라는 뜻이 됩니다.

Topic
My Hobby

My hobby is .... , ... , ...

....

....

....

....

Learn More 숫자 표현

10	ten	60	sixty
20	twenty	70	seventy
30	thirty	80	eighty
40	forty	90	ninety
50	fifty	100	hundred

Broken Bike 고장 난 자전거

👤 Step 1 핵심 동사 익히기

paint	페인트를 칠하다	paints	painted	painting
		3인칭 단수 현재	과거형	현재분사

▶ 페인트를 칠하다: paint + 대상 (색깔)

He painted the door green.

그는 문을 녹색으로 칠했다.

take	① (탈것에) 타다 ② (시간이) 걸리다	takes	took	taking
		3인칭 단수 현재	과거형	현재분사

=쭌쌤 1분 특강

Day 13에서 다룬 것처럼 take 의 기본 뜻은 '잡다'입니다. 지나가는 택시나 기차를 '잡는다'에서 '(탈것에) 타다'라는 뜻이 생겨났고요. 탈것에 타서 이동하면 시간이 가기 때문에 '(시간이) 걸리다'라는 뜻도 생겨났습니다.

▶ (탈것에) 타다

He takes a taxi to work every day.

그는 매일 택시를 타고 출근한다.

▶ (시간이) 걸리다

It took 2 hours to do my homework.

숙제를 하는데 2시간이 걸렸다.

stay	머무르다	stays	stayed	staying
		3인칭 단수 현재	과거형	현재분사

▶ 머무르다: stay + in/at

He will stay in Seoul for 2 weeks. 그는 서울에서 2주 동안 머무를 것이다.

Tip stay에 up이 붙으면 '안 자고 깨어 있다'라는 뜻이에요.

I *stayed up* all night. 나는 밤새 안 자고 깨어 있었다(밤을 꼬박 새웠다).

👤 Step 2 오늘의 일기 음원을 들으며 눈으로 따라 읽은 후, 다시 읽어 보세요.

MP3-023

고장나다 **break**	고치고 페인트를 칠하다 **fix and paint**
Topic **Broken Bike**	
2시간이 걸리다 **takes 2 hours**	집에 머무르다 **stay at home**

Saturday, October 2, Foggy

I hit a tree while riding my bike, and it broke.

My dad fixed and painted my bike today.

I helped him paint.

It took 2 hours to finish the work.

After all, I stayed at home and helped my dad all afternoon.

나는 자전거를 타다가 나무에 부딪쳐서 자전거가 고장이 났다.

오늘 아빠가 내 자전거를 고치고 페인트칠해 주셨다.

나는 아빠가 페인트칠하시는 것을 도왔다.

그 일을 마무리하는 데에 2시간이 걸렸다.

결국 난 오후 내내 집에 머물면서 아빠를 도왔다.

Words

ride 동 (자전거, 말 등을) 타다 ▮ bike 명 자전거, 오토바이 ▮ fix 동 고치다, 고정하다 ▮ finish 동 끝내다 ▮ after all 결국에는

I hit the wall while ...., and it ....

나는 책꽂이를 나르다가 벽에 부딪쳐서 책꽂이가 망가졌다.

My dad fixed and .... my .... today.

오늘 아빠가 내 책꽂이를 고치고 페인트칠해 주셨다.

I helped him ....

나는 아빠가 페인트칠하시는 것을 도왔다.

It .... * 2 hours to ....

그 일을 마무리하는 데에 2시간이 걸렸다.

After all, I .... at home and helped my dad ....

....

결국 난 오후 내내 집에 머물면서 아빠를 도왔다.

Words

carry 동 나르다, 운반하다 ∥ bookshelf 명 책꽂이

Grammar Check It takes A to B B하는데 A가 걸리다

앞서 take가 '(시간이) 걸리다'라는 뜻을 가지고 있다고 배웠는데요. 'It takes A + for B + to C.' 형태도 'B가 C 하는데 A가 걸리다'라는 뜻으로 자주 등장하기 때문에 꼭 기억하고 있어야 합니다. 'It takes B + A + to C.' 형태로 쓰이기도 한답니다.

ex) **It takes 30 minutes for me to eat lunch.** 나(B)는 점심을 먹는데(C) 30분(A)이 걸린다.
    = It takes me 30 minutes to eat lunch.

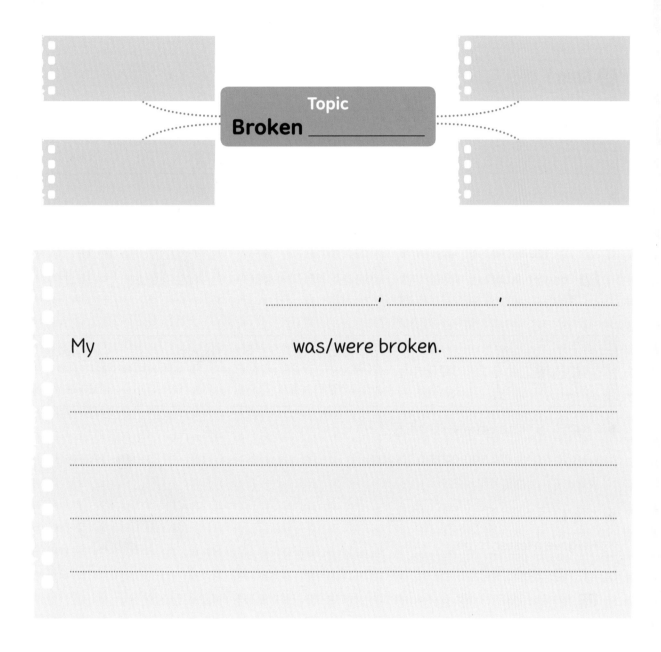

Topic
Broken _____

My _____ was/were broken.

_____, _____, _____

Learn More bike

bike는 자전거와 오토바이를 줄여서 표현한 단어인데요. 자전거를 의미하는 단어는 원래 bicycle입니다. cycle 은 '한 바퀴, 순환' 등의 뜻을 가지고 있는데요. bi는 '2개'라는 뜻을 가지고 있어서 bicycle은 '두 개가 순환하다' 라는 뜻이 되어 '두발자전거'가 됩니다. tri는 '3개'라는 뜻을 가지고 있어서 '세발자전거'는 tricycle이 됩니다. 오토바이는 모터(motor)의 힘으로 가기 때문에 motorcycle이라고 합니다.

Congratulations! 축하해!

👤 Step 1 핵심 동사 익히기

congratulate	축하하다	congratulates	congratulated	congratulating
		3인칭 단수 현재	과거형	현재분사

▶ 축하하다: **congratulate** + 대상 (on + 축하할 일)

I congratulated him on **getting a job.**

나는 그의 취업을 축하했다.

> **Tip** Congratulations!는 '축하합니다!'의 의미로 결혼, 졸업, 취업 등을
> 축하할 때 쓰이는 표현입니다. s를 붙인다는 점 기억하세요.

give	주다	gives	gave	giving
		3인칭 단수 현재	과거형	현재분사

▶ (~에게 …을) 주다: **give** + 대상 + 물건

Can you **give** me something to drink?

나에게 마실 것 좀 줄 수 있나요?

▶ (~에게 …을) 주다: **give** + 물건 + **to** + 대상

He gave a letter to me.

그는 나에게 편지를 주었다.

> **Tip** give의 반대말은 take로 give and take는 '주고받다, 의견 교환' 등의 의미로 쓰입니다.

thank	감사하다	thanks	thanked	thanking
		3인칭 단수 현재	과거형	현재분사

▶ 감사하다: **thank** + 대상 (for + 감사한 일)

He thanked me **for my help.**

그는 내가 도와줘서 고마워했다.

> **Tip** 'Thank you for + 동사-ing'도 많이 쓰이는 표현이라고 Day 16에서 설명했어요.

내 친구의 피아노 연주회
my friend's piano recital

피아노 연주를 정말 잘하다
play the piano really well

Topic Congratulations!

꽃다발
a bouquet of flowers

고마워하다
thank

Sunday, September 9, Sunny

I went to see my friend's piano recital today.

He played the piano really well.

After the recital, I congratulated him.

I gave a bouquet of flowers to him.

He thanked me.

나는 오늘 친구의 피아노 연주회를 보러 갔다.
친구는 피아노 연주를 정말 잘했다.
연주회가 끝난 후, 나는 친구를 축하해 주었다.
나는 친구에게 꽃다발을 주었다.
친구는 나에게 고마워했다.

Words

recital 명 발표회, 연주회 ▎ bouquet 명 꽃다발 ▎ a bouquet of ~ 한 다발

I .... my friend's violin recital today.

나는 오늘 친구의 바이올린 연주회를 보러 갔다.

She .... really well.

친구는 바이올린 연주를 정말 잘했다.

After* the recital, I .... her.

연주회가 끝난 후, 나는 친구를 축하해 주었다.

I .... to her.

나는 친구에게 해바라기 한 송이를 주었다.

She .... me.

친구는 나에게 고마워했다.

Words

sunflower 명 해바라기

Grammar Check   after ~의 뒤에

after는 순서, 시간 표현에서 '뒤'를 나타낼 때 쓰입니다. 문장 안에서 after는 앞에 올 수도 있고 중간에 올 수도 있답니다.

ex) **Close the door** after you. (순서) 당신이 들어온 뒤에 문을 닫으세요.

After the rain, the sun came up. (시간) 비가 온 뒤에 해가 떴다.

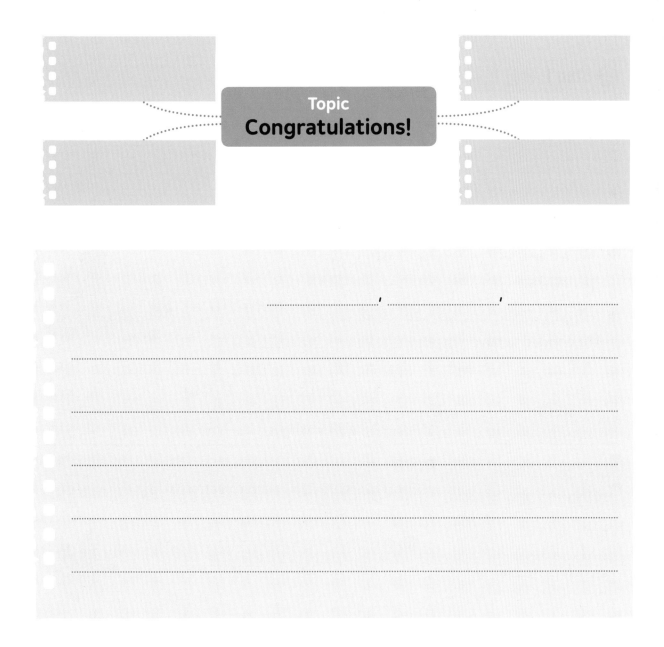

Topic
Congratulations!

recital은 무대에서 한 사람이 계속 노래나 연주를 하는 것입니다. 우리말로 하면 '독창회, 독주회'가 됩니다. 혼자서 무용을 할 때도 recital이라고 합니다. concert는 몇 사람의 연주자나 가수가 함께 음악을 표현하는 것을 의미합니다. 가수들이 공연을 할 때 가수 자신과 더불어 여러 연주자가 함께 무대에 오르기 때문에 concert라는 단어를 쓰는 거랍니다. performance는 관객 앞에서 하는 연주, 연기 등을 포괄하는 공연을 의미합니다.

👤 Step 1 핵심 동사 익히기

decide	결정하다	decides	decided	deciding
		3인칭 단수 현재	과거형	현재분사

▶ (A와 B 사이에서) 결정하다: **decide** (between A and B)

You have to decide between yellow and red. 당신은 노란색과 빨간색 사이에서 결정해야 합니다.

▶ (무엇을 ~할지) 결정하다: **decide + what + to + 동사**

He decided what to eat. 그는 무엇을 먹을지 결정했다.

▶ (~하기로) 결정하다: **decide + to + 동사**

We decided to have a meeting. 우리는 회의를 하기로 결정했다.

eat	먹다	eats	ate	eating
		3인칭 단수 현재	과거형	현재분사

= 쭌쌤 1분 특강

우리말로는 물, 밥, 약 모두 '먹다'로 표현할 수 있지만 영어는 다릅니다.

drink water 물을 마시다
eat dinner 저녁밥을 먹다
take medicine 약을 복용하다

▶ 먹다

For your health, you need to eat breakfast every day.

당신은 건강을 위해서 매일 아침밥을 먹을 필요가 있습니다.

Tip out은 '밖'을 의미하므로 eat out은 '밖에서 먹다, 외식하다'라는 뜻이 됩니다.

drive	① 운전하다 ② 태워다 주다	drives	drove	driving
		3인칭 단수 현재	과거형	현재분사

▶ 운전하다

It's dangerous. Drive slowly. 위험해요. 천천히 운전하세요.

▶ 태워다 주다: **drive + 대상 + to + 목적지**

Can you drive me to school? 나를 학교까지 태워다 줄 수 있나요?

시험을 통과하다
pass the test

아빠가 운전하다
my father drives

Topic
Eat Out

문을 닫다
closed

다른 식당을 찾다
search for another restaurant

Saturday, April 8, Clear

I passed the Chinese character test.

So my family decided to eat out.

My father drove, and our family went to an Italian restaurant.

But the restaurant was closed.

My dad searched for another restaurant on his phone, and we went there.

나는 한자 시험을 통과했다.
그래서 우리 가족은 외식을 하기로 결정했다.
아빠가 운전을 해서 우리 가족은 이탈리안 레스토랑에 갔다.
그러나 그 식당은 문이 닫혀 있었다.
아빠가 핸드폰으로 또 다른 식당을 검색했고, 우리는 그곳으로 갔다.

Words
pass 통 통과하다 ▮ Chinese 명 중국어 ▮ character 명 문자 ▮ Chinese character 한자 ▮ so 접 그래서 ▮
search for ~을 찾다 ▮ another 또 다른 하나(의) ▮ there 부 거기에

I passed the ....

나는 컴퓨터 자격 시험을 통과했다.

So my family ....

그래서 우리 가족은 외식을 하기로 결정했다.

...., and our family went to ....

....

엄마가 운전을 해서 우리 가족은 중국 식당에 갔다.

But the restaurant was ....

그러나 그 식당은 아직 문을 열지 않았었다.

My dad .... another* restaurant on his phone,

and we went there.

아빠가 핸드폰으로 또 다른 식당을 검색했고, 우리는 그곳으로 갔다.

Words

certification 명 증명, 인증 **|** open 형 열려 있는 **|** yet 부 아직

Grammar Check another 또 다른 하나(의)

another는 an(하나)과 other(다른)가 결합된 단어로 '또 다른 하나(의)'를 뜻합니다. 가고자 했던 식당(the restaurant)이 닫혀 있자 '또 다른 하나의' 식당을 검색했다고 했으니 another가 쓰인 겁니다.

ex) **Would you like another drink?** 한 잔 더 하시겠어요?

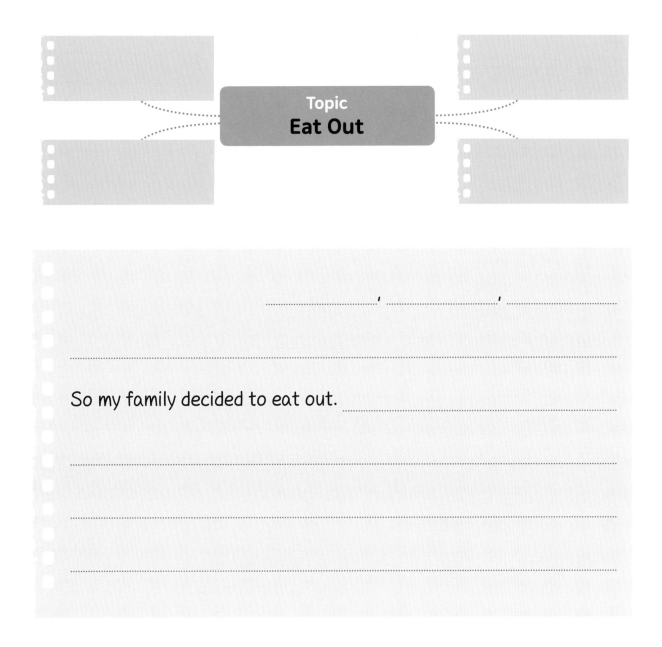

Topic
Eat Out

So my family decided to eat out.

Learn More find / look for / search

세 가지 동사 모두 '찾다'라는 뜻을 가지고 있는데요. 숨은 의미는 조금씩 다르답니다. find는 숨바꼭질 놀이를 할 때처럼 '(우연히) 찾다'는 의미를 나타내고요. look for는 우리가 일상적으로 어떤 물건을 찾을 때 쓰는 표현이랍니다. search는 어떤 정보를 찾기 위해 '주의 깊게 찾다'라는 뜻을 가지고 있어요. 컴퓨터나 스마트폰으로 검색을 할 때 search를 쓴답니다.

A 다음 우리말 뜻에 해당하는 영어 동사를 쓰세요.

1	(탈것에) 타다, (시간이) 걸리다	→	take
2	말하다	→	t
3	축하하다	→	c
4	듣다, 귀를 기울이다	→	l
5	먹다	→	e
6	(감정을) 느끼다	→	f
7	머무르다	→	s
8	페인트를 칠하다	→	p
9	모으다, 수집하다	→	c
10	운전하다, 태워다 주다	→	d
11	부르다, 전화하다	→	c
12	감사하다	→	t
13	돌다, 돌리다	→	t
14	결정하다	→	d
15	주다	→	g

B 다음 영단어와 뜻을 알맞게 연결하세요.

1	hobby	•	• ⓐ	매우 좋아하는
2	finish	•	• ⓑ	자전거, 오토바이
3	spend	•	• ⓒ	발표회
4	recital	•	• ⓓ	끝내다
5	favorite	•	• ⓔ	지루한
6	bike	•	• ⓕ	취미
7	character	•	• ⓖ	문자
8	pass	•	• ⓗ	(시간을) 보내다, (돈을) 쓰다
9	bored	•	• ⓘ	꽃다발
10	bouquet	•	• ⓙ	통과하다

C 다음 우리말 뜻에 알맞게 빈칸을 채워 영어 문장을 완성하세요.

1 In the end, I spent my time _____tidying up my room_____ .

결국 나는 내 방을 정리하며 시간을 보냈다.

2 I _____ easy dances _____ watching the music video.

나는 뮤직비디오를 보면서 쉬운 춤을 따라 해본다.

3 I hit the wall while _____ and it broke.

나는 책꽂이를 나르다가 벽에 부딪쳐서 책꽂이가 망가졌다.

4 She _____ really well.

그녀는 바이올린 연주를 정말 잘했다.

5 I passed the _____ .

나는 컴퓨터 자격 시험을 통과했다.

D 다음 제시된 영어 동사를 활용해서 우리말 뜻에 알맞게 영어 문장을 쓰세요.

1 feel _____I felt bored all day._____

나는 하루 종일 지루함을 느꼈다.

2 collect _____

내 취미는 내가 아주 좋아하는 가수의 앨범들을 모으는 것이다.

3 take _____

그 일을 마무리하는 데에 2시간이 걸렸다.

4 give _____

나는 친구에게 꽃다발을 주었다.

5 decide, eat _____

우리 가족은 외식을 하기로 결정했다.

Week 6

👤 Step 1 핵심 동사 익히기

cook	요리하다	cooks	cooked	cooking
		3인칭 단수 현재	과거형	현재분사

▶ 요리하다

Dad cooked while Mom cleaned. 엄마가 청소를 하는 동안 아빠는 요리를 했다.

▶ 요리하다: cook + 음식 + for + 대상

He cooks fried rice for his son every week. 그는 매주 아들에게 볶음밥 요리를 해준다.

sit	앉다	sits	sat	sitting
		3인칭 단수 현재	과거형	현재분사

▶ 앉다: sit + on/in + 사물

She sat on a chair. 그녀는 의자에 앉았다.

* 일반적으로 on을 쓰고, 안락의자나 소파에 푹 눌러 앉을 때 in을 씁니다.

Tip stand: 서다 * 과거형은 stood

He is *standing* in front of the school. 그는 학교 앞에 서 있다.

see	① 보다 ② 알다	sees	saw	seeing
		3인칭 단수 현재	과거형	현재분사

▶ 보다

I went to see the sea with my wife. 나는 아내와 함께 바다를 보러 갔다.

▶ 알다

Oh, I see. 아, 알겠어요.

* 글을 쓸 때보다는 대화할 때 주로 쓰이는 표현이랍니다.

해변에서
at the beach

저녁 요리를 하다
cook dinner

Topic
Go Camping

모닥불 주위에 둘러앉아서
이야기하다
sit around the
campfire and talk

별을 보다
see the stars

Friday, June 29, Warm

My family went camping at the beach.

I cooked dinner with my dad.

We sat around the campfire and talked.

We saw the stars in the night sky.

My family went to bed around 12 o'clock.

우리 가족은 해변으로 캠핑을 갔다.
나는 아빠와 함께 저녁 요리를 했다.
우리는 모닥불 주위에 둘러앉아 이야기를 했다.
우리는 밤하늘의 별을 보았다.
우리 가족은 12시쯤에 잠을 잤다.

Words

around 전 주위에 부 빙 둘러, 약, ~쯤 | campfire 명 모닥불

My family went camping ....

우리 가족은 계곡으로 캠핑을 갔다.

I .... with my dad.

나는 아빠와 함께 저녁 요리를 했다.

We .... * the campfire and ....

marshmallows.

우리는 모닥불 주위에 둘러앉아 마시멜로우를 구웠다.

We .... in the night sky.

우리는 밤하늘의 달을 보았다.

My family .... around* 12 o'clock.

우리 가족은 12시쯤에 잠을 잤다.

Words

valley 몡 계곡 ▮ in the valley 계곡으로 ▮ roast 동 (화덕에 또는 꼬챙이에 꽂아 불에 직접) 굽다 ▮ moon 몡 달

Grammar Check **around 주위에, ~쯤**

around는 시간과 장소 두 가지 상황에서 모두 쓰입니다. 시간의 의미로 쓰일 때는 '대략 ~즈음'으로 해석하면 되고, 장소의 의미로 쓰일 때는 '~ 주위에'로 해석하면 됩니다.

ex) Look around the room. 방안을 둘러보세요.

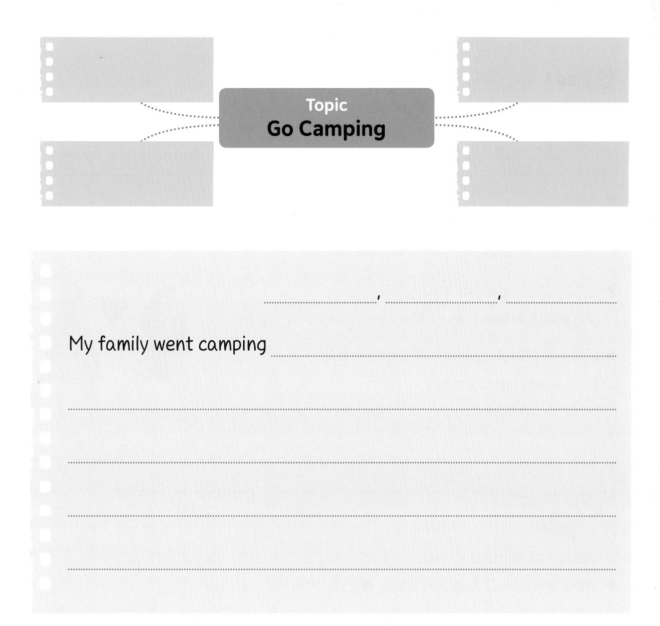

**Topic
Go Camping**

_____, _____, _____

My family went camping _____

_____

_____

_____

Learn More 캠핑(camping) 관련 표현

1 Can you help me pitch the tent? 텐트 치는 것을 도와줄 수 있나요?

2 We need to put up a mosquito net. 우리는 모기장을 칠 필요가 있어요.

3 Let's grill the meat. 우리 고기 구워요.

4 camper van 캠핑카   5 camping site 캠핑장

6 glamping 글램핑 * 텐트, 음식, 조리 기구 등을 따로 준비하지 않고 미리 준비된 곳에 가서 즐기는 캠핑

👤 Step 1 핵심 동사 익히기

want	① 원하다 ② (~하고) 싶어 하다 ③ 바라다	wants	wanted	wanting
		3인칭 단수 현재	과거형	현재분사

▶ **원하다**

Do you want some tea? 차 좀 드시겠어요?

What do you want? 당신은 무엇을 원하시나요?

▶ **(~하고) 싶어 하다: want + to + 동사**

She wants to meet her mother. 그녀는 엄마를 만나고 싶어 한다.

▶ **(~가 …하길) 바라다: want + 대상 + to + 동사**

Mom wants me to study.

엄마는 내가 공부하기를 바란다.

pay	지불하다	pays	paid	paying
		3인칭 단수 현재	과거형	현재분사

▶ **지불하다: pay + 금액 / pay + for + 물건이나 서비스**

I paid 2,000 won. 나는 2,000원을 지불했다.

I will pay for the ticket. 티켓값은 내가 낼게요.

▶ **(~로) 지불하다: pay + with + 지불 방법**

Can I pay with a credit card?

신용카드로 계산해도 되나요?

Tip pay는 명사로 '지불'과 함께 '임금, 보수' 등의 뜻도 가지고 있습니다.

공책을 원하다
want a notebook

문구점으로 걸어가다
walk to the stationery store

**Topic
Stationery Store**

2,000원을 지불하다
pay 2,000 won

500원을 거슬러 받다
get 500 won back

Tuesday, March 4, Windy

A new semester began this week.

I wanted to buy a notebook.

I walked to the stationery store.

I asked the owner where the notebook was.

It was 1,500 won. I paid 2,000 won and got 500 won back.

이번 주에 새로운 학기가 시작되었다.
나는 공책을 사고 싶었다.
나는 문구점으로 걸어갔다.
나는 가게 주인에게 공책이 어디 있는지 물었다.
공책은 1,500원이었다. 나는 2,000원을 지불했고 500원을 거슬러 받았다.

Words

semester 명 학기 ❙ begin 동 시작하다 *과거형 began ❙ stationery 명 문구류 ❙ owner 명 주인, 소유자 ❙ ask 동 물어보다 ❙ get back 돌려받다

A new semester _____.

이번 달에 새로운 학기가 시작되었다.

I _____ buy _____.

나는 색연필들을 사고 싶었다.

I walked to the _____.

나는 문구점으로 걸어갔다.

I asked the owner where the* _____ were.

나는 가게 주인에게 색연필이 어디 있는지 물었다.

They were 5,500 won.

색연필은 5,500원이었다.

I _____ 10,000 won and _____ 4,500 won _____.

나는 10,000원을 지불했고 4,500원을 거슬러 받았다.

Words

month 몡 (일 년 열두 달 중 한) 달, 월 ▌colored pencil 색연필

Grammar Check **the 앞에 나온 명사를 언급할 때**

the는 이미 나온 명사를 다시 언급할 때 씁니다. 처음 색연필을 사고 싶다고 했을 때는 어떤 색연필인지 알 수 없기 때문에 colored pencils(단수일 때는 a colored pencil)라고 했습니다. 주인에게 색연필이 어디 있는지 물을 때는 내가 사고 싶은 특정 색연필이 되었기 때문에 the colored pencils라고 한 겁니다.

ex) **There is** an apple. 사과 한 개가 있다. → **The apple is delicious.** 그 사과는 맛있다.

Topic
Stationery Store

_____, _____, _____

I wanted to buy _____

_____

_____

_____

_____

Learn More stationery의 유래

지금은 컴퓨터나 전자 기기가 일상생활에 자주 쓰이지만 과거에는 문구류가 많이 사용되었습니다. 그래서 사람들이 손쉽게 문구류를 구할 수 있게 기차역 주변에 문구점이 많았다고 해요. 기차역을 영어로 하면 station 인데요. 여기서 유래되어 문구류는 stationery가 되었습니다.

1 ruler (길이를 재는) 자
2 scissors 가위
3 glue 풀
4 brush 붓
5 eraser 지우개
6 pencil holder 연필꽂이

👤 Step 1 핵심 동사 익히기

fight	싸우다	**fights**	**fought**	**fighting**
		3인칭 단수 현재	과거형	현재분사

▶ (~와) 싸우다: **fight + with + 대상**

I fought with Jane yesterday and apologized to her today.

나는 어제 Jane과 싸우고 오늘 그녀에게 사과했다.

▶ (~에 관하여) 싸우다: **fight + about + 주제**

We fought about classroom cleaning.   우리는 교실 청소 문제로 싸웠다.

> **Tip** make up with: ~와 화해하다
>
> I tried to *make up with* my friend.   나는 친구와 화해하려고 시도(노력)했다.

tell	말하다	**tells**	**told**	**telling**
		3인칭 단수 현재	과거형	현재분사

▶ 말하다: **tell + 대상 + 내용 / tell + 내용 + to + 대상**

He told me the truth. = He told the truth to me.   그는 나에게 진실을 말해 주었다.

▶ (~가 ⋯하도록) 말하다: **tell + 대상 + to + 동사**

I told her to come right away.   나는 그녀에게 바로 오라고 말했다.

answer	① 대답하다 ② 응답하다	**answers**	**answered**	**answering**
		3인칭 단수 현재	과거형	현재분사

▶ 대답하다

Who can answer the question?   누가 그 질문에 답할 수 있나요?

▶ 응답하다

I knocked on the door but no one answered.   나는 문을 두드렸지만 아무도 응답하지 않았다.

MP3-028

보드게임을 하다
play a board game

게임 규칙을 지키다
follow the game rules

**Topic
Fighting with a Friend**

화난
angry

양보하다
yield

Wednesday, November 22, Cold

Today I felt bad because I had a fight with my friend.

I played a board game with my friend.

But he didn't follow the game rules. I was angry and fought with him.

Mom told me to yield and said a proverb, "A friend is a second self."

I reluctantly answered, "Yes, I will."

나는 오늘 친구와 싸워서 기분이 좋지 않았다.
나는 친구와 함께 보드게임을 했다.
그런데 친구가 게임 규칙을 지키지 않았다. 나는 화가 났고 그 친구와 싸웠다.
엄마는 나에게 양보하라고 말씀하시고 "친구는 제2의 자신이다."라는 속담을 말해 주셨다.
나는 "알겠어요."라고 마지못해 대답했다.

Words

fight 명 싸움 ┃ follow 동 따르다, 뒤를 잇다 ┃ yield 동 양보하다 ┃ proverb 명 속담 ┃ reluctantly 부 마지못해, 억지로

Today I _____ because I had a fight with my friend.

나는 오늘 친구와 싸워서 기분이 좋지 않았다.

I _____ with my _____.

나는 친구들과 함께 야구를 했다.

But _____ didn't _____ the game rules.

그런데 그중 한 명이 게임 규칙을 지키지 않았다.

I was _____ and* _____ him.

나는 짜증이 났고 그 친구와 싸웠다.

Mom _____ me _____ yield and said a _____,

"A friend is a second self."

엄마는 나에게 양보하라고 말씀하시고 "친구는 제2의 자신이다."라는 속담을 말해 주셨다.

I bravely _____, "Yes, I will."

나는 "알겠어요."라고 씩씩하게 대답했다.

Words

irritated 형 짜증이 난 Ⅰ bravely 부 씩씩하게, 용감하게

Grammar Check   and 그리고

and는 두 문장을 연결할 때 쓰이는데, 앞 문장과 뒤 문장의 주어가 같은 경우에는 뒤 문장의 주어를 생략합니다.

ex) I was angry. + I fought with him. → I was angry and fought with him.

　　 나는 화가 났고 그와 싸웠다.

Topic
Fighting with a Friend

Today I _____ because

_____

_____

_____

_____

Learn More '우애' 관련 영어 속담

1 **An old friend is better than two new ones.** 오래된 친구 하나가 새 친구 둘보다 낫다.

  * *A* is better than *B*: A가 B보다 낫다

2 **A friend in need is a friend indeed.** 어려울 때 친구가 진정한 친구다.

  * in need 어려움에 처한   * indeed 匣 참으로, 정말로

New Sweater 새 스웨터

👤 Step 1 핵심 동사 익히기

make	① 만들다, 만들어 주다 ② ~하게 하다	makes	made	making
		3인칭 단수 현재	과거형	현재분사

▶ (~으로 …을) 만들다: **make + 물건 + from/of + 재료**

Our company makes toys of plastic. 우리 회사는 플라스틱으로 장난감을 만든다.

▶ (~를 위해 …을) 만들다: **make + 물건 + for + 대상**

I made a cake for her. 나는 그녀를 위해 케이크를 만들었다.

▶ (~에게 …을) 만들어 주다: **make + 대상 + 물건**

Mom made me a shirt. 엄마가 나에게 셔츠를 만들어 주셨다.

▶ ~하게 하다: **make + 대상 + 동사**

The photo made her laugh. 그 사진은 그녀를 웃게 했다.

Tip make는 뜻이 정말 많은 동사에요. 이 책에서 다루지 못한 뜻이 많으니 꼭 사전을 찾아보시기 바랍니다.

look	① 보다 ② 보이다	looks	looked	looking
		3인칭 단수 현재	과거형	현재분사

▶ 보다: **look at**

Look at the blackboard. 칠판을 보세요.

▶ (~해) 보이다

What's going on? You look sad. 무슨 일 있니? 넌 슬퍼 보이는구나.

▶ (A처럼) 보이다: **look like + A**

The photo doesn't look like her. 그 사진은 그녀처럼 안 보인다.

엄마가 만들다
my mom makes

입어 보다
try on

**Topic
New Sweater**

멋져 보이다
look nice

사진을 게시하다
post the photo

Monday, December 24, Snowy

My mom made me a sweater.

I tried on the sweater.

It looked nice and good on me.

I took a selfie. I posted it on my SNS account.

Many friends saw the photo and clicked the like button.

엄마가 나에게 스웨터를 만들어 주셨다.
나는 그 스웨터를 입어 보았다.
스웨터는 정말 멋져 보였고 나에게 잘 어울렸다.
나는 셀카를 찍었다. 나는 그것을 나의 소셜 미디어 계정에 게시(포스팅)했다.
많은 친구들이 그 사진을 보고 좋아요 버튼을 눌러 주었다.

Words

try on (시험 삼아) 입어 보다, 신어 보다 **l** look good on ~에게 잘 어울리다 **l** selfie 명 셀카(셀프카메라) **l** take a selfie 셀카를 찍다 **l** post 동 게시하다, 포스팅하다 **l** SNS Social Network Service의 줄임말(온라인 상에서 사람들과 관계를 맺을 수 있는 서비스) **l** account 명 계정

My mom .... me ....

엄마가 나에게 드레스를 만들어 주셨다.

I ....* the dress.

나는 그 드레스를 입어 보았다.

It .... and .... me.

드레스는 예뻐 보였고 나에게 잘 어울렸다.

I .... I .... it on my SNS account.

나는 셀카를 찍었다. 나는 그것을 나의 소셜 미디어 계정에 게시(업로드)했다.

Many friends saw the photo and wrote ....

많은 친구들이 그 사진을 보고 댓글들을 달아 주었다.

Words

pretty 형 예쁜 ┃ upload 동 업로드하다 ┃ comment 명 댓글, 주석

Grammar Check **try on (시험 삼아) 입어 보다, 신어 보다, 끼워 보다**

try는 '시험 삼아 해보다'라는 뜻이 있고, on은 접촉을 나타내기 때문에 try on을 직역하면 '시험 삼아 접촉하다'라는 뜻이 되고, 의역을 하면 '시험 삼아 (옷을) 입어 보다, (신발을) 신어 보다, (장갑을) 끼워 보다' 등의 뜻이 됩니다.

ex) Try on this hat. 이 모자를 써 보세요.

　　I'll try on this jacket. 이 자켓을 입어 볼게요.

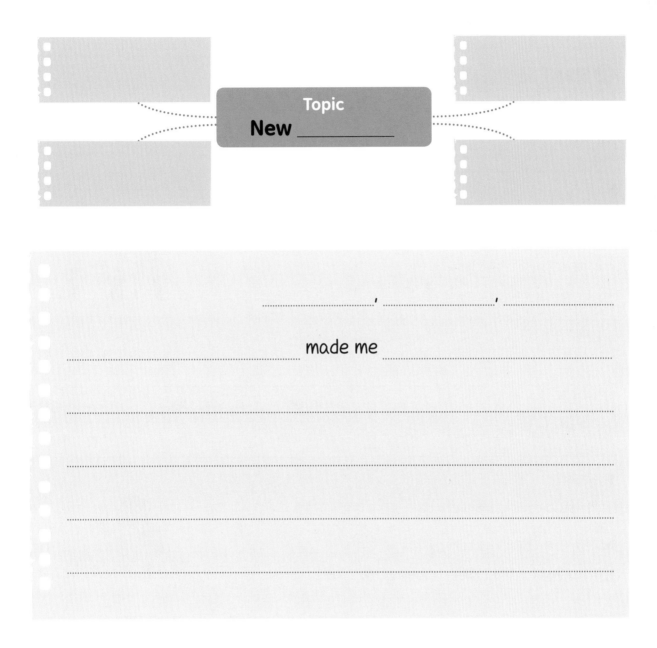

Topic

New _____

_____, _____,

_____ made me

Learn More   SNS (Social 사회적 Network 관계망 Service 서비스)

나라마다, 학자마다 SNS를 다르게 정의하지만 공통 요소는 '온라인 공간, 대인 관계 형성, 정보 공유'라고 할 수 있습니다. 대표적인 SNS로는 페이스북(facebook), 트위터(twitter), 카카오 톡(kakao talk) 등이 있습니다. SNS는 상대방과 빠르게 소통할 수 있다는 장점이 있지만, 개인 정보 노출이나 SNS 중독 등의 단점 또한 있기 때문에 올바르게 활용하는 지혜가 필요합니다.

👤 Step 1 핵심 동사 익히기

take	① (시험을) 치다/보다 ② (사진을) 찍다	takes	took	taking
		3인칭 단수 현재	과거형	현재분사

=쭌쌤 1분 특강

앞에서도 다뤘지만 take는 여러 뜻으로 쓰입니다. 이번에 다룰 take의 기본 뜻은 '잡다'입니다. 눈앞에 있는 시험지를 잡으면 '(시험을) 치다/보다'라는 뜻이 되고, 카메라를 잡으면 '(사진을) 찍다'가 됩니다.

▶ (시험을) 치다/보다

He took a science test today.

그는 오늘 과학 시험을 쳤다/봤다.

▶ (사진을) 찍다

I took pictures in the park.

나는 공원에서 사진을 찍었다.

study	공부하다	studies	studied	studying
		3인칭 단수 현재	과거형	현재분사

▶ 공부하다

He studies English every day. 그는 매일 영어 공부를 한다.

▶ (~을 위해) 공부하다: study + for + 목적

I studied for the exam. 나는 시험을 위해 공부를 했다.

get	① 받다 ② 얻다	gets	got	getting
		3인칭 단수 현재	과거형	현재분사

▶ 받다

I got a birthday present. 나는 생일 선물을 받았다.

▶ 얻다

I got good information from my friend. 나는 친구한테 좋은 정보를 얻었다.

시험을 보다
take a test

자신감 있는
confident

Topic
Math Test

어려운
difficult

낮은 점수
low score

Thursday, July 12, Hot

I took a math test today.

I was confident because I studied it hard.

But the problems were difficult.

I couldn't solve all the problems in time.

In the end, I got a low score.

나는 오늘 수학 시험을 봤다.
나는 수학 공부를 열심히 했기 때문에 자신감이 있었다.
하지만 문제들이 어려웠다.
나는 시간 안에 모든 문제를 풀지 못했다.
결국 나는 낮은 점수를 받았다.

Words

confident 형 자신감 있는 | in time 시간 안에 | low 형 낮은 | score 명 점수

I _____ test today.

나는 오늘 과학 시험을 봤다.

I had _____ because I _____ it hard.

나는 과학 공부를 열심히 했기 때문에 걱정이 없었다.

But the problems were _____.

하지만 문제들이 낯설었다.

I couldn't* _____ in time.

나는 시간 안에 모든 문제를 풀지 못했다.

In the end, I _____ a low score.

결국 나는 낮은 점수를 받았다.

Words

worry 명 걱정 동 걱정하다 ❙ unfamiliar 형 낯선, 생소한

Grammar Check could 과거의 능력, 공손한 요청

could는 여러 가지 의미를 가지고 있는데요. 첫 번째는 '과거의 능력'입니다. 위의 일기에서도 '과학 문제 해결 능력'을 나타내기 위해 could가 쓰였습니다. 두 번째는 '공손한 요청'입니다. Can you help me?는 '저를 도와줄 수 있나요?'인데요. Could you help me?는 '저 좀 도와주실 수 있으실까요?'로 공손한 의미가 더해집니다. 그리고 could는 '가능성'을 나타내는 뜻도 가지고 있습니다. 이때 could는 can의 과거형이 아니라는 점을 기억하시기 바랍니다.

Topic
_____ **Test**

I took a _____ test today.

_____, _____, _____

Learn More   시험 관련 표현

1 cram for ~을 대비해서 벼락치기 공부를 하다
ex) I'm cramming for the test. 나는 시험을 위해 벼락치기 공부를 하고 있다.

2 run out of ~가 부족하다   ex) I ran out of time. 나는 시간이 부족했다.

3 Good luck on your test. 시험 잘 보세요.

4 stay up all night 밤을 꼬박 지새우다

A 다음 우리말 뜻에 알맞게 영어 철자를 바르게 배열해서 맞는 동사를 쓰세요.

1	원하다, (~하고) 싶어 하다, 바라다	awtn	want
2	대답하다, 응답하다	wsnear	
3	보다, 보이다	olko	
4	싸우다	gitfh	
5	(시험을) 치다/보다, (사진을) 찍다	ekat	
6	앉다	its	
7	만들다, 만들어 주다, ~하게 하다	kame	
8	보다, 알다	ees	
9	지불하다	ayp	
10	받다, 얻다	egt	
11	요리하다	koco	
12	공부하다	dutsy	
13	말하다	letl	

B 다음 우리말 뜻에 해당하는 영어 단어를 찾아 표시하고, 빈칸에 써 보세요.

t	a	e	w	n	n	e	f	s	d
c	s	r	f	o	i	j	g	u	l
a	i	n	o	f	l	b	u	s	e
m	y	s	l	u	k	l	e	f	i
p	f	e	c	g	n	m	o	c	y
f	s	m	u	o	e	d	t	f	z
i	q	s	w	s	r	e	n	w	o
r	s	k	t	q	o	e	k	q	o
e	g	e	a	c	c	o	u	n	t
i	r	m	t	l	o	w	g	d	n

1 주위에, 약, ~쯤   around
2 모닥불   c_____
3 학기   s_____
4 주인   o_____
5 따르다, 뒤를 잇다   f_____
6 양보하다   y_____
7 셀카   s_____
8 계정   a_____
9 낮은   l_____
10 점수   s_____

C 다음 우리말 뜻에 알맞게 빈칸을 채워 영어 문장을 완성하세요.

1 My family went camping _____in the valley_____.
우리 가족은 계곡으로 캠핑을 갔다.

2 I walked to the _____.
나는 문구점으로 걸어갔다.

3 I _____ with my _____.
나는 친구들과 함께 야구를 했다.

4 I _____ it on my SNS account.
나는 그것을 나의 소셜 미디어 계정에 게시(업로드)했다.

5 I couldn't _____ in time.
나는 시간 안에 모든 문제를 풀지 못했다.

D 다음 우리말 뜻에 알맞게 단어를 바르게 배열해서 문장을 쓰세요.

1 _____I cooked dinner with my dad._____

(dad / I / with / my / dinner / cooked) 나는 아빠와 함께 저녁 요리를 했다.

2 _____

(notebook / I / a / buy / to / wanted) 나는 공책을 사고 싶었다.

3 _____

(with / and / I / angry / my / was / fought / friend) 나는 화가 났고 친구와 싸웠다.

4 _____

(made / My / sweater / me / a / mom) 엄마가 나에게 스웨터를 만들어 주셨다.

5 _____

(today / I / math / test / took / a) 나는 오늘 수학 시험을 봤다.

Week 7

Doing Housework 집안일 하기

👤 Step 1 핵심 동사 익히기

wash	① 씻다 ② 빨다, 세탁하다	**washes**	**washed**	**washing**
		3인칭 단수 현재	과거형	현재분사

▶ 씻다

I sweated and washed my body clean.　나는 땀을 흘려서 몸을 깨끗하게 씻었다.

▶ 빨다, 세탁하다

I washed my pants because they were dirty.　나는 바지가 더러워져서 빨았다.

break	① 깨다, 부수다 ② 깨지다, 고장나다	**breaks**	**broke**	**breaking**
		3인칭 단수 현재	과거형	현재분사

🧑‍🏫 =쭌쌤 1분 특강

break의 기본 뜻은 '(물건을) 깨다'인데요. 여러 가지 의미로 확장되어서 사용됩니다. 법을 깨면 '위반하다'가 되고, 기록을 깨면 '경신하다'가 됩니다. 기계 장치를 깨면 '고장내다'가 되고, 조용한 침묵을 깰 때도 break를 쓸 수 있습니다.

▶ (물건을) 깨다, 부수다

He broke the safe and stole the money.
그는 금고를 깨고 돈을 훔쳤다.

▶ (기록을) 깨다

The runner broke the world record.
그 달리기 선수는 세계 기록을 깼다.

▶ 깨지다, 고장나다

I couldn't watch soccer because the TV broke.
나는 TV가 고장 나서 축구를 볼 수 없었다.

say	말하다	**says**	**said**	**saying**
		3인칭 단수 현재	과거형	현재분사

▶ 말하다: say + 내용 + to + 대상

She said hello to me.　그녀는 나에게 안녕이라고 말했다.

MP3-031

설거지를 하다
wash the dishes

그릇을 놓치다
miss a dish

Topic
Doing Housework

깜짝 놀란
startled

조심하다
be careful

Tuesday, September 25, Foggy

I was washing the dishes.

I missed a dish and it broke.

I was startled, and my mom came to me.

My mom asked me, "Are you okay?" I said to my mom, "I'm okay."

She told me to be careful next time.

나는 설거지를 하고 있었다.

나는 접시를 놓쳤고 접시가 깨졌다.

나는 깜짝 놀랐고 엄마가 나에게 오셨다.

엄마가 나에게 "괜찮아?"라고 물으셨다. 나는 "괜찮아요."라고 엄마에게 대답했다.

엄마가 나에게 다음에는 조심하라고 말씀하셨다.

Words

miss 동 놓치다 **|** startled 형 깜짝 놀란 **|** careful 형 주의하는 **|** next time 다음에는

I was _____.

나는 설거지를 하고 있었다.

I _____ and it _____.

나는 그릇을 놓쳤고 그릇이 깨졌다.

I was _____, and my mom came to me.

나는 당황했고 엄마가 나에게 오셨다.

My mom asked me, "Are you all _____?"

엄마가 나에게 "괜찮아?"라고 물으셨다.

I _____ my mom, "I'm okay."

나는 "괜찮아요."라고 엄마에게 대답했다.

She told me to be* _____ next time.

엄마가 나에게 다음에는 조심하라고 말씀하셨다.

Words

bowl 명 그릇 **I** embarrassed 형 당황한, 부끄러운

Grammar Check   to be + 형용사(또는 명사)

Day 28에서 'tell + 대상 + to + 동사' 형태를 배웠는데요. to 다음에는 동사가 와야 하는데 careful은 형용사이기 때문에 to 다음에 바로 올 수가 없습니다. 따라서 to 다음에 be를 쓰고 careful을 써야 한답니다.

ex) **She told me** to be happy. (형용사) 그녀는 나에게 행복하라고 말했다.

   She told me to be a doctor. (명사) 그녀는 나에게 의사가 되라고 말했다.

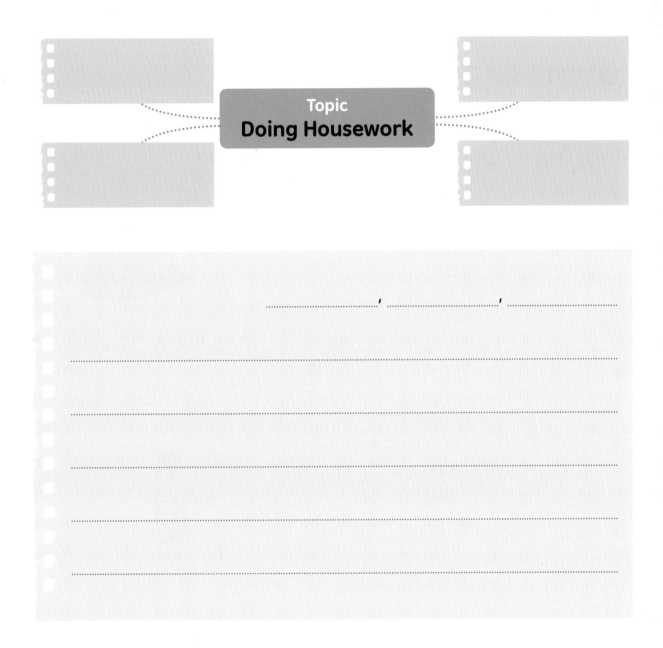

Topic
Doing Housework

Learn More 집안일 관련 표현

1. separate the trash   분리수거하다
2. do the laundry   빨래하다
3. fold the clothes   옷을 개다
4. vacuum   진공청소기로 청소하다
5. wipe   닦다

Math Study 수학 공부

👤 Step 1 핵심 동사 익히기

understand	이해하다	understands	understood	understanding
		3인칭 단수 현재	과거형	현재분사

▶ 이해하다

Can you understand Japanese?

당신은 일본어를 이해할(알아들을) 수 있나요?

Tip misunderstand: 오해하다, 잘못 이해하다

Don't *misunderstand* me. 내 말을 오해하지 마세요.

cry	① 울다 ② 소리치다	cries	cried	crying
		3인칭 단수 현재	과거형	현재분사

▶ (~ 때문에) 울다: **cry + over/about/for + 이유**

It is no use crying over spilt milk.

(영어 속담) 엎질러진 우유를 두고 울어 봤자 소용없다.

▶ 소리치다: **cry out** (for + 이유)

I cried out his name. 나는 그의 이름을 소리쳐서 불렀다.

She cried out for help. 그녀는 도와달라고 소리쳤다.

solve	풀다, 해결하다	solves	solved	solving
		3인칭 단수 현재	과거형	현재분사

▶ 풀다, 해결하다: **solve + a problem** (문제)/**a puzzle** (퍼즐)/**a riddle** (수수께끼)

He is good at solving puzzles.

그는 퍼즐을 잘 푼다.

나눗셈을 배우다
learn division

이해하지 못하다
don't understand

Topic
Math Study

울다
cry

수학 공부 하기로 결정하다
decide to study math

Friday, March 10, Cloudy

I learned division today.

However, I was upset because I didn't understand the class content.

I came home and cried.

But soon, I didn't think crying would solve the problem.

I decided to study math for 30 minutes every day.

나는 오늘 나눗셈을 배웠다.
그런데 나는 수업 내용을 이해하지 못해서 속상했다.
나는 집에 와서 울었다.
하지만 곧 나는 운다고 문제가 해결되는 건 아니라고 생각했다.
나는 매일 30분씩 수학 공부를 하기로 결정했다.

Words

division 몡 나눗셈 ▌ upset 혱 속상한 ▌ content 몡 내용 ▌ every day 매일

I learned _____ today.

나는 오늘 직사각형을 배웠다.

However, I was _____ because I _____

the class content.

그런데 나는 수업 내용을 이해하지 못해서 짜증이 났다.

I came home and _____.

나는 집에 와서 울었다.

But soon, I didn't think crying would* _____.

하지만 곧 나는 운다고 문제가 해결되는 건 아니라고 생각했다.

I decided to _____ for 30 minutes

every day.

나는 매일 30분씩 수업을 복습하기로 결정했다.

Words

rectangle 명 직사각형 ┃ irritated 형 짜증이 난 ┃ review 동 복습하다, 재검토하다 ┃ lesson 명 수업

Grammar Check 시제 일치

'나는 운다고 문제가 해결되는 건 아니라고 생각했다.' 이 문장을 살펴보면 '생각한 건' 과거의 일이고, '문제가 해결되는 건' 미래의 일입니다. 각각의 시점이 다른데요. 영어는 한 문장 안에서 두 동사의 시점을 일치시켜야 합니다. 따라서 '생각한 게' 과거의 시점이기 때문에 앞으로 '문제가 해결되는 건' 미래의 일일지라도 과거의 시점에 맞춰서 will 대신 would를 써야 한답니다.

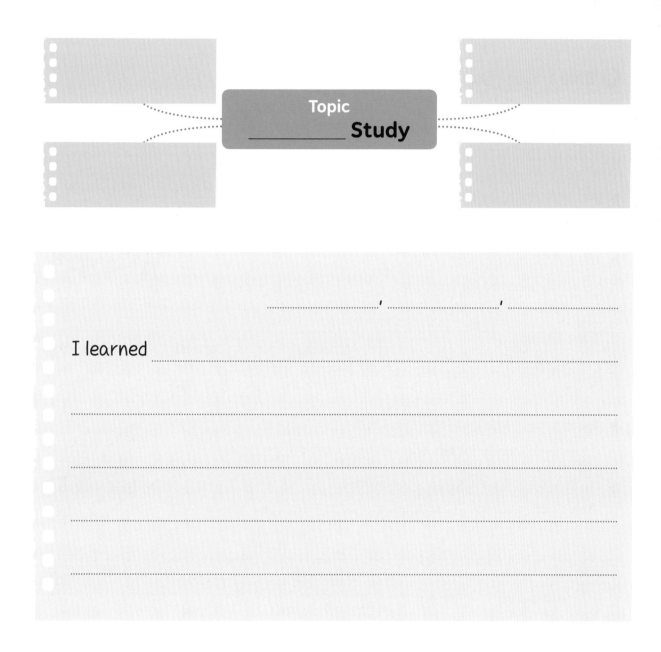

Topic
_____ **Study**

I learned

_____, _____,

Learn More 단어 이야기 ❹ under(아래)

언더그라운드 밴드를 들어 본 적 있나요? underground는 under(아래)와 ground(지면)가 결합된 단어로 공중파 방송에 출연하지 않고 공연 위주로 활동하는 밴드를 의미합니다. understand는 'under(아래) + stand(서다)'로 '(이해 영역) 아래에 서다'가 되어 '이해하다'라는 뜻이 된 것입니다. underline은 'under(아래) + line(선을 긋다)'으로 '(글자) 아래에 선을 긋다'가 되어 '밑줄을 긋다'라는 뜻입니다.

Saving Money 저축하기

👤 Step 1 핵심 동사 익히기

plan	① (~할) 계획이다 ② 계획을 세우다	plans	planned	planning
		3인칭 단수 현재	과거형	현재분사

▶ (~할) 계획이다: **plan + to + 동사**

I'm planning to travel to America.   나는 미국으로 여행을 갈 계획이다.

▶ 계획을 세우다: **plan + for + 계획**

My family planned for camping.   우리 가족은 캠핑 계획을 세웠다.

save	① 저축하다 ② 구하다	saves	saved	saving
		3인칭 단수 현재	과거형	현재분사

▶ 저축하다: **save (up) + 대상 + for + 목적**

She saved money for the trip.   그녀는 여행을 위해 돈을 모았다.

▶ 구하다: **save + 대상 + from + 위험 상황**

119 crew saved people from flood.   119 대원은 홍수로부터 사람들을 구했다.

hope	희망하다	hopes	hoped	hoping
		3인칭 단수 현재	과거형	현재분사

🧑‍🏫 = 쭌쌤 1분 특강

hope는 어떤 일이 이루어지길 바라는 마음이 담겨 있습니다. wish도 사전을 찾아보면 '바라다'라고 뜻이 나와 있는데요. wish는 가능성이 낮거나 불가능한 일을 바랄 때 씁니다.

▶ 희망하다: **hope + to + 동사**

I hope to see her next week.

나는 다음 주에 그녀를 만나길 희망한다.

▶ 희망하다: **hope + (that) + 주어 + 동사**

I hope South Korea wins the soccer match.

나는 대한민국이 축구 경기에서 이기길 희망한다.

내가 좋아하는 가수의 콘서트
my favorite singer's concert

충분한 돈이 없다
don't have enough money

Topic Saving Money

비싼 티켓
expensive ticket

돈을 모으다
save up money

Saturday, February 2, Rainy

I plan to go to my favorite singer's concert.

However, the ticket price is expensive at 100,000 won.

I don't have enough money to buy the ticket.

I'm saving up money to buy it.

I hope I can save money before the concert.

나는 내가 아주 좋아하는 가수의 콘서트에 갈 계획이다.
하지만 티켓 가격이 10만 원으로 비싸다.
나는 티켓을 살 만큼 충분한 돈이 없다.
나는 티켓을 사기 위해 돈을 모으고 있다.
나는 콘서트 전에 돈을 모을 수 있길 희망한다.

Words

expensive 형 비싼 ‖ at (가격, 속도 등이) ~로 ‖ enough 형 충분한

I _____ go to an _____ .

나는 미술 전시회에 갈 계획이다.

However, the ticket price is _____ at 50,000 won.

하지만 티켓 가격이 5만 원으로 싸지 않다.

I don't _____ enough* _____ to buy the ticket.

나는 티켓을 살 만큼 충분한 돈이 없다.

I'm _____ money to buy it.

나는 티켓을 사기 위해 돈을 모으고 있다.

I _____ I can save money _____ the art exhibition.

나는 미술 전시회 전에 내가 돈을 모을 수 있길 희망한다.

Words

exhibition 몡 전시회 I cheap 혱 값이 싼

Grammar Check   enough 충분한, 충분히

eoungh는 어떤 것이 충분한 상태를 나타낼 때 쓰는데, 형용사(충분한)와 부사(충분히) 두 가지 형태로 쓰입니다.

1 형용사 enough: have enough A(명사) to B(동사) B하는데 충분한 A를 가지고 있다

　ex) We have enough time to finish it. 우리는 그것을 끝내는데 충분한 시간을 가지고 있다.

2 부사 enough: be A(형용사) enough to B(동사) B하는데 충분히 A 상태이다

　ex) I am old enough to drive. 나는 운전할 만큼 충분히 늙었다(나이가 들었다).

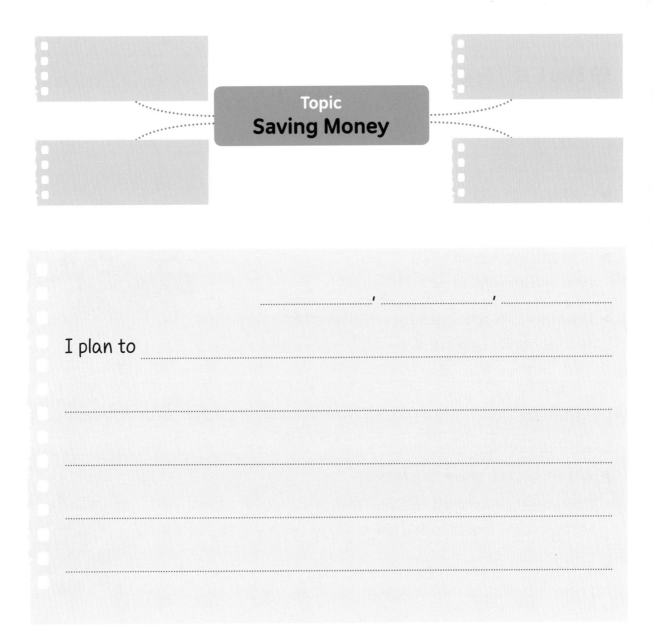

Topic
Saving Money

I plan to ...., ..., ...

Learn More 금액(money) 표현

1 100원 one hundred won
2 1,000원 one thousand won
3 10,000원 ten thousand won
4 100,000원 one hundred thousand won
5 1,000,000원 one million won
6 10,000,000원 ten million won

👤 Step 1 핵심 동사 익히기

live	살다	lives	lived	living
		3인칭 단수 현재	과거형	현재분사

▶ (~에) 살다: **live + in + 지역**

He lives in Japan. 그는 일본에 산다.

▶ (~와) 살다: **live + with + 대상**

I live with my aunt. 나는 고모와 함께 산다.

▶ (~에 의거(의지)해) 살다: **live + by + 의거(의지) 대상**

Man cannot live by bread alone. 사람은 빵만으로는 살아갈 수 없다.

move	① 이사하다, 움직이다 ② 옮기다	moves	moved	moving
		3인칭 단수 현재	과거형	현재분사

▶ 이사하다, 움직이다: **move (to + 지역)**

Suddenly, the car moved. 갑자기 차가 움직였다.

My best friend moved to Jeju Island. 나의 가장 친한 친구가 제주도로 이사를 갔다.

▶ 옮기다

I moved my desk to the living room. 나는 책상을 거실로 옮겼다.

miss	① 그리워하다 ② 놓치다	misses	missed	missing
		3인칭 단수 현재	과거형	현재분사

▶ 그리워하다

My mom sometimes misses my grandmother. 엄마는 가끔 할머니를 그리워하신다.

▶ 놓치다

He missed the train. 그는 기차를 놓쳤다.

서울에 산다
live in Seoul

친구들이 그립다
miss my friends

**Topic
Moving and
Transferring**

부산으로 이사하다
move to Busan

많은 추억을 만들다
make a lot of memories

Monday, December 29, Snowy

My family lives in Seoul.

We will move to Busan next week because of my father's job.

I also have to transfer to another school.

I'm going to miss my friends.

I will make a lot of memories with my friends before moving.

우리 가족은 서울에 산다.
우리는 아빠 직장 때문에 다음 주에 부산으로 이사를 갈 것이다.
나도 다른 학교로 전학도 가야 한다.
나는 내 친구들이 그리울 것이다.
나는 이사 전에 친구들과 많은 추억을 만들 것이다.

Words

because of ~ 때문에 ▮ job 명 직업 ▮ have to ~해야 하다 ▮ transfer 동 옮기다, 전학가다 ▮ memory 명 기억, 추억

My family _____ Jeonju.

우리 가족은 전주에 산다.

We will _____ Seoul next month because of my

brother's career.

우리는 형의 진로 때문에 다음 달에 서울로 이사를 갈 것이다.

I also have to _____ another school.

나도 다른 학교로 전학도 가야 한다.

I'm going to* _____ .

나는 내 친구들이 그리울 것이다.

I will* _____ with my friends before moving.

나는 이사 전에 친구들과 사진을 많이 찍을 것이다.

Words

career 몡 진로, 직업 ▌ take a picture 사진을 찍다

Grammar Check be going to vs. will ~할 것이다

be going to는 will과 함께 미래의 일을 나타내는데요. will은 '즉흥적인 결정'을 나타내고, be going to는 '예정된 일'을 나타낸답니다. 에를 들어 I will help you.는 상대방이 도움이 필요한 상황을 보고 그 상황에서 즉흥적으로 도움을 주겠다고 결정을 한 것이고, I'm going to miss my friends.는 다음 주에 전학을 가기 때문에 친구들에 대한 그리움을 어느 정도 예상할 수 있는 상황이라고 볼 수 있습니다.

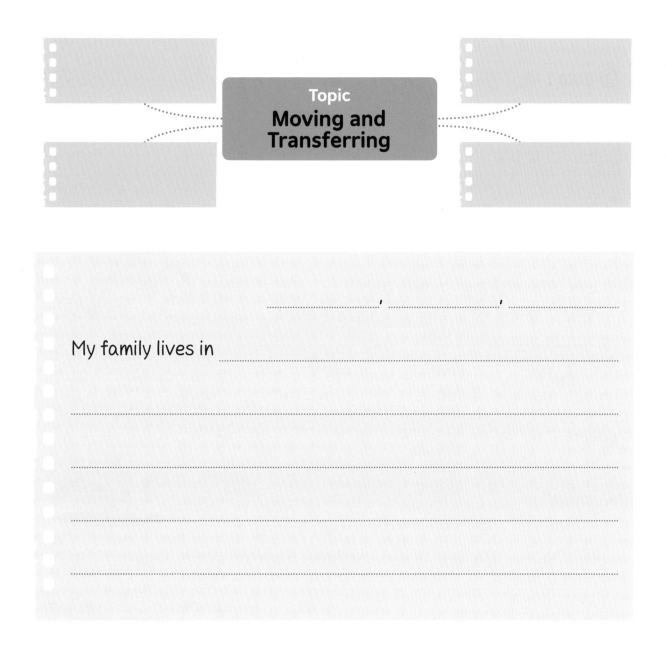

Topic
Moving and Transferring

My family lives in

Learn More 단어 이야기 ❺ trans(이동, 변화)

영화 <트랜스포머(Transformers)>에는 변신(trans)하는 로봇이 등장하는데요. trans는 '변신(변화)'과 함께 '이동'의 의미를 가지고 있습니다. transfer는 'trans(이동) + fer(옮기다)'로 '이동해서 옮기다, 전학가다' 등의 뜻이 됩니다. transform은 'trans(변화) + form(모양)'으로 '바꾸어 놓다, 변화시키다'의 뜻이고, translate는 'trans(이동) + late(옮기다)'인데 '(다른 언어로) 이동해서 옮기다'가 되어 '번역하다'의 뜻을 갖게 됩니다.

Running 달리기

👤 Step 1 핵심 동사 익히기

run	달리다	**run**s	ran	**run**ning
		3인칭 단수 현재	과거형	현재분사

▶ 달리다

He ran at the speed of light. 그는 빛의 속도로 달렸다.

▶ 달리다: **run + 거리 / run + for + 시간**

I run 1km every day. 나는 매일 1km를 달린다.

I run for an hour every day. 나는 매일 한 시간을 달린다.

fall	① 넘어지다 ② 떨어지다	**fall**s	fell	**fall**ing
		3인칭 단수 현재	과거형	현재분사

▶ 넘어지다

He twisted his foot and fell. 그는 발이 꼬여서 넘어졌다.

▶ 떨어지다

The apple fell to the ground. 사과가 땅으로 떨어졌다.

> **Tip** '떨어지는 것'은 방향성을 나타내기 때문에 to(~에)와 같이 쓰이는 경우가 많습니다.

end	① 끝나다 ② 끝내다	**end**s	**end**ed	**end**ing
		3인칭 단수 현재	과거형	현재분사

▶ 끝나다: **end + in + 결과**

Her project ended in failure. 그녀의 프로젝트는 실패로 끝났다.

> **Tip** end(끝나다)에 up(위, 완전히)이 붙으면 '(완전히 끝나서) 결국 ~하게 되다'라는 뜻이 됩니다.

▶ 끝내다

When the bell rang, the teacher ended class. 종이 울리자 선생님은 수업을 끝내셨다.

Step 2 오늘의 일기 음원을 들으며 눈으로 따라 읽은 후, 다시 읽어 보세요.

체육 시간
P.E. class

빨리 달리다
run quickly

Topic
Running

넘어지다
fall

꼴등을 하다
end up in last place

Friday, October 20, Cool

Our class ran during P.E. class.

I ran quickly at the start signal.

I was running first.

Suddenly, my shoelaces were untied.

I fell and ended up in last place.

우리 반은 체육 시간에 달리기를 했다.
나는 출발 신호에 빨리 달렸다.
나는 1등으로 달리고 있었다.
갑자기 내 신발 끈이 풀렸다.
나는 넘어졌고 결국 꼴등으로 들어왔다.

Words

during 전 ~동안 ❙ at the start signal 출발 신호에 ❙ suddenly 부 갑자기 ❙ shoelace 명 신발 끈 ❙ untied 형 풀린, 묶이지 않은 ❙ place (경주·대회에서 입상권에 드는) 등위

Our class _____ during* P.E. class.

우리 반은 체육 시간에 달리기를 했다.

I ran quickly at the sound of _____.

나는 호루라기 소리에 빨리 달렸다.

I was running _____.

나는 2등으로 달리고 있었다.

Suddenly, I _____ the friend next to me.

갑자기 나는 옆 친구와 부딪쳤다.

I _____ and _____ in last place.

나는 넘어졌고 결국 꼴등으로 들어왔다.

Words

whistle 명 호루라기, 휘파람 ❙ bump (into) 동 (~에) 부딪치다

Grammar Check during ~동안

during은 (처음부터 끝까지의) 어떤 기간을 나타내는데요. 그 기간 안에 사건이 일어날 때 쓰입니다. 위의 일기에서도 during P.E. class는 '체육 시간 동안, 체육 시간에'로 해석할 수 있는데요. 그 체육 시간 안에 어떤 사건(달리기)이 일어난 거죠. 따라서 during이 나오면 그 기간 안에 무슨 일이 있었다는 걸 알 수 있습니다.

ex) I studied English during vacation. 나는 방학 동안 영어를 공부했다.
　　　 일어난 일　　　　　　 기간

Topic
Running

Learn More run 관련 표현

1 **run away from** ~에서 도망치다
2 **run away to** ~로 도망치다
3 **run out of** ~을 다 써 버리다　ex) I ran out of money. 난 돈을 다 써 버렸어요.
4 **run into** ~에 뛰어 들어가다, ~와 충돌하다

A 다음 우리말 뜻에 해당하는 영어 동사를 쓰세요.

1	울다, 소리치다	→	cry
2	살다	→	l
3	씻다, 빨다, 세탁하다	→	w
4	달리다	→	r
5	(~할) 계획이다, 계획을 세우다	→	p
6	풀다, 해결하다	→	s
7	이해하다	→	u
8	끝나다, 끝내다	→	e
9	그리워하다, 놓치다	→	m
10	깨다, 깨지다, 고장나다	→	b
11	이사하다, 움직이다, 옮기다	→	m
12	저축하다, 구하다	→	s
13	말하다	→	s
14	희망하다	→	h
15	넘어지다, 떨어지다	→	f

B 다음 영단어와 뜻을 알맞게 연결하세요.

1	job	•	ⓐ 내용
2	content	•	ⓑ 깜짝 놀란
3	suddenly	•	ⓒ 놓치다
4	startled	•	ⓓ 직업
5	untied	•	ⓔ 갑자기
6	decide	•	ⓕ 풀린, 묶이지 않은
7	miss	•	ⓖ 주의하는
8	expensive	•	ⓗ 옮기다, 전학가다
9	careful	•	ⓘ 비싼
10	transfer	•	ⓙ 결정하다

C 다음 우리말 뜻에 알맞게 빈칸을 채워 영어 문장을 완성하세요.

1 Mom told me to ___be careful___ next time.

엄마가 나에게 다음에는 조심하라고 말씀하셨다.

2 I decided to _____ for 30 minutes every day.

나는 매일 30분씩 수업을 복습하기로 결정했다.

3 I don't have _____ to buy the ticket.

나는 티켓을 살 만큼 충분한 돈이 없다.

4 I also have to _____ another school.

나는 다른 학교로 전학도 가야 한다.

5 I _____ at the sound of a whistle.

나는 호루라기 소리에 빨리 달렸다.

D 다음 제시된 영어 동사를 활용해서 우리말 뜻에 알맞게 영어 문장을 쓰세요.

1 wash ___I was washing the dishes.___

나는 설거지를 하고 있었다.

2 come, cry _____

나는 집에 와서 울었다.

3 save _____

나는 그 티켓을 사기 위해 돈을 모으고 있다.

4 live _____

나의 가족은 서울에 산다.

5 fall, end _____

나는 넘어졌고 결국 꼴등으로 들어왔다.

Week 8

👤 Step 1 핵심 동사 익히기

choose	① 선택하다 ② 선출하다	chooses	chose	choosing
		3인칭 단수 현재	과거형	현재분사

▶ 선택하다: choose + A + from/among/between/out of + B

You have to choose one out of seven. 당신은 7개 중에서 하나를 골라야 합니다.

▶ (A를 B로) 선출하다: choose + A + as + B

We chose him as the class leader. 우리는 그를 학급 대표로 선출했다.

enter	① 입장하다, 들어가다 ② 입학(입회)하다	enters	entered	entering
		3인칭 단수 현재	과거형	현재분사

▶ 입장하다, 들어가다

He entered the room. 그가 방에 들어갔다.

Tip 컴퓨터 키보드에 [Enter] key가 있는데요. enter에는 '(데이터를) 입력하다'의 뜻도 있답니다.

▶ 입학(입회)하다

I will enter middle school next year. 나는 내년에 중학교에 입학한다.

Tip graduate (from): (~을) 졸업하다

He *graduated from* elementary school. 그는 초등학교를 졸업했다.

know	알다	knows	knew	knowing
		3인칭 단수 현재	과거형	현재분사

▶ 알다

Do you know him? 당신은 그를 아나요?

▶ (~에 대해) 알다: know + about + 내용

He wants to know about various cultures. 그는 다양한 문화에 대해 알고 싶어 한다.

과학관에 가다
go to the science museum

3D 영화 보기를 선택하다
choose watching a 3D movie

**Topic
Science Museum**

시간 가는 줄 모르다
lose track of time

과학에 관심을 갖게 되다
become interested in science

Wednesday, September 22, Clear

Our class went to the science museum.

I chose watching a 3D movie among the activities.

I entered the theater and put on the 3D glasses.

The movie was so fun that I lost track of time.

I didn't know much about science, but today I became interested in it.

우리 반은 과학관에 갔다.
나는 여러 활동 중에서 3D 영화 보기를 선택했다.
나는 극장으로 들어가서 3D 안경을 썼다.
영화가 너무 재미있어서 나는 시간 가는 줄 몰랐다.
나는 과학에 대해 잘 몰랐는데 오늘 과학에 관심을 갖게 되었다.

Words

museum 명 박물관 ▮ among 전 ~ 중에서 ▮ activity 명 활동 ▮ put on 몸에 걸치다 ▮ lose track of ~을 놓치다
▮ interested 형 관심있는, 흥미있는

Our class went to _____.

우리 반은 과학관에 갔다.

I _____ observation of constellations _____ the activities.

나는 여러 활동 중에서 별자리 관측을 선택했다.

I _____ the observation room.

나는 관측실로 들어갔다.

The observation was so* _____ that* I lost track of time.

관측이 너무 흥미진진해서 나는 시간 가는 줄 몰랐다.

I didn't _____ much _____, but today

I became _____ in it.

나는 우주에 대해 잘 몰랐는데 오늘 우주에 관심을 갖게 되었다.

Words

observation 명 관측, 관찰 ▍constellation 명 별자리 ▍exciting 형 흥미진진한 ▍universe 명 우주

Grammar Check   so ~ that … 너무 ~해서 …하다

'주어 + 동사 + so + A(형용사, 원인) + that + B(주어 + 동사, 결과)' 형태는 '주어가 정말 A해서 B하다'로 해석할 수 있는데요. 예문을 통해 알아보겠습니다. I was so tired that I went to bed early.라는 문장에서 I was tired.(나는 피곤했다.)가 원인이고, I went to bed early.(나는 일찍 잤다.)가 결과입니다. 이 구문이 쓰인 재미난 표현이 있는데요. 함께 기억해 두세요.

ex) I'm so hungry that I could eat a horse. 나는 너무 배고파서 말도 먹을 수 있다.

Topic
Science Museum

............................, ..., ...

Our class went to the science museum.

Learn More   3D movie(3차원 영화)

3D에서 D는 dimensional을 나타내는데요. '차원의'라는 뜻을 가지고 있습니다. 1차원은 '선'을 의미하고, 2차원은 '평면'을 의미해요. 우리가 일상적으로 보는 영화는 2D movie에요. 3차원은 '입체(공간)'를 의미하는데요. 입체 안경을 쓰고 영화를 보면 캐릭터들이 나에게 다가오는 것처럼 보이는데, 이러한 영화가 3D movie에요. 요즘은 4D movie도 접할 수가 있는데요. 4차원은 '감각'이 추가되어 바람, 물, 냄새 등으로 사람의 감각을 자극하는 걸 의미한답니다.

Lie 거짓말

👤 Step 1 핵심 동사 익히기

hate	싫어하다	hates	hated	hating
		3인칭 단수 현재	과거형	현재분사

▶ **싫어하다**

I hate violence. 나는 폭력을 싫어한다.

▶ **(~하는 것을) 싫어하다: hate + to + 동사 / hate + 동사-ing**

He hates to wash. / He hates washing. 그는 씻는 것을 싫어한다.

lie	거짓말하다	lies	lied	lying
		3인칭 단수 현재	과거형	현재분사

▶ **(~에게) 거짓말하다: lie + to + 대상**

She lied to me. 그녀는 나에게 거짓말을 했다.

Tip lie는 명사로도 쓰이며 '거짓말'이라는 뜻도 있습니다.

▶ **(~에 대해) 거짓말하다: lie + about + 내용**

He lied about stealing the wallet. 그는 지갑을 훔친 것을 거짓말했다.

Tip lie는 두 가지 형태가 있어요. 아래 제시된 lie는 '거짓말하다'의 lie와 뜻도 완전히 다르고 과거형도 다르기 때문에 동사의 기본형만 같을 뿐 전혀 다른 단어랍니다.

lie	① 눕다 ② (어떤 상태로) 있다	lies	lay	lying
		3인칭 단수 현재	과거형	현재분사

▶ **눕다: lie (down)**

I lay down on the floor and soon fell asleep. 나는 바닥에 누웠고 곧 잠들었다.

▶ **(어떤 상태로) 있다**

The flowers lie wilted in the sun. 꽃들이 햇볕에 시든 상태로 있다.

수학 학원에 가기 싫다
hate going to the math academy

엄마에게 거짓말을 하다
lie to my mom

**Topic
Lie**

마음이 불편하다
feel uncomfortable

솔직하게 말하다
tell honestly

Thursday, July 28, Hot

I hated going to the math academy. I lied to my mom, "I have a stomachache."

She said to me, "If you have a severe stomachache, don't go to the academy."

I thought it would feel good lying on the bed all day.

However, I felt uncomfortable because I lied.

I told her honestly and went to the academy.

나는 수학 학원에 가기 싫었다. 나는 엄마에게 "저 배가 아파요."라고 거짓말을 했다.
엄마는 나에게 "만약 배가 심하게 아프면 학원에 가지 마라."라고 말씀하셨다.
나는 하루 종일 침대에 누워 있으면 기분이 좋을 것 같았다.
하지만 나는 거짓말을 해서 마음이 불편했다.
나는 엄마에게 솔직하게 말하고 학원에 갔다.

Words

academy 명 학원 I stomachache 명 복통 I if 접 만약 ~라면 I severe 형 심한 I think 동 생각하다 *과거형
thought I uncomfortable 형 불편한 I honestly 부 솔직하게

I _____ to the _____ academy.

나는 영어 학원에 가기 싫었다.

I _____ my mom, "I have _____."

나는 엄마에게 "저 두통이 있어요."라고 거짓말을 했다.

She said to me, "If* you have _____,'

don't go to the academy."

엄마는 나에게 "만약 두통이 심하면 학원에 가지 마라."라고 말씀하셨다.

I _____ it would _____ lying on the bed all day.

나는 하루 종일 침대에 누워 있으면 기분이 좋을 것 같았다.

However, I felt _____ because I lied.

하지만 나는 거짓말을 해서 마음이 불편했다.

I told her _____ and went to the academy.

나는 엄마에게 사실을 말하고 학원에 갔다.

Words

headache 명 두통 ▎truth 명 진실

Grammar Check if 만약 ~라면

if는 어떤 일이 일어날지 일어나지 않을지 확실하지 않을 때 씁니다. 위의 일기에서 엄마는 나의 두통이 어느 정도 심한지 확실하게 모르기 때문에 if를 써서 여러 가능성을 열어 놓은 겁니다. 두통이 심하지 않으면 학원에 가고, 심하면 학원에 안 가는 것이지요.

ex) If you get 100 in math, I'll buy you a smart phone. 만약 네가 수학 100점을 맞으면 스마트폰을 사 줄게.

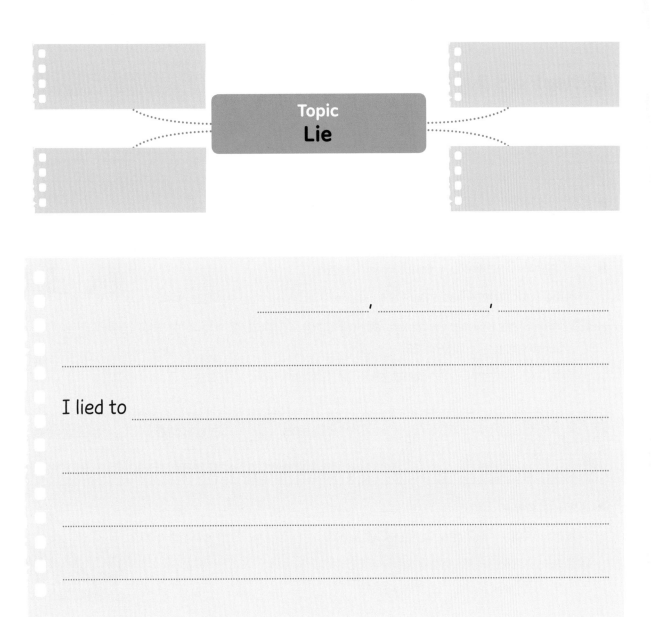

Topic
Lie

I lied to

Learn More 거짓말 관련 속담

1 One lie makes many. 거짓말이 거짓말을 낳는다.
2 A liar should have a good memory. 거짓말쟁이는 좋은 기억력을 가지고 있어야 한다.
   (먼저 한 거짓말과 모순되지 않게 하려면)
3 You have cried wolf too many times. 늑대라고 너무 많이 외쳤다.
   (모든 사람들을 내내 속일 수는 없다. 콩으로 메주를 쑨다고 해도 믿지 않는다.)

Day 38 **Finding the Wallet** 지갑 찾기

👤 Step 1 핵심 동사 익히기

find	① 찾다, 발견하다 ② 알다, 깨닫다	finds	found	finding
		3인칭 단수 현재	과거형	현재분사

▶ 찾다, 발견하다

She found a secret space. 그녀는 비밀 공간을 찾아냈다.

▶ 알다, 깨닫다: **find (out) + that + 주어 + 동사**

I found (out) that I had made a mistake. 나는 내가 실수한 것을 깨달았다.

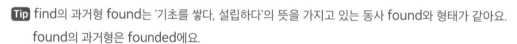

> **Tip** find의 과거형 found는 '기초를 쌓다, 설립하다'의 뜻을 가지고 있는 동사 found와 형태가 같아요.
> found의 과거형은 founded에요.
> My uncle *founded* a company. 삼촌이 회사를 설립했다.

clean	청소하다	cleans	cleaned	cleaning
		3인칭 단수 현재	과거형	현재분사

▶ 청소하다: **clean (up)**

I cleaned (up) the living room after lunch. 나는 점심 식사 후에 거실 청소를 했다.

> **Tip** clean은 '깨끗한'의 뜻으로 형용사로 많이 쓰인답니다.
> His room was *clean*. 그의 방은 깨끗했다.

remember	기억하다	remembers	remembered	remembering
		3인칭 단수 현재	과거형	현재분사

▶ 기억하다

Do you remember his name? 당신은 그의 이름을 기억합니까?

▶ (~한 것을) 기억하다: **remember + 동사-ing**

He didn't remember going there. 그는 그곳에 간 것을 기억하지 못했다.

지갑을 찾으려고 노력하다 **try to find my wallet**		방이 지저분하다 **my room is messy**
	Topic Finding the Wallet	
청소하다 **clean up**		그것을 재킷 안에 넣었다 **put it inside my jacket**

Tuesday, August 5, Hot

I need money to buy ice cream.

So I tried to find my wallet in my room.

However, my room was very messy.

I cleaned up my room first. I still couldn't find my wallet.

Suddenly, I remembered putting it inside my jacket.

나는 아이스크림을 사기 위해 돈이 필요했다.

그래서 나는 내 방에서 지갑을 찾으려고 노력했다.

하지만 내 방은 너무 지저분했다.

우선 나는 내 방을 청소했다. 여전히 나는 지갑을 찾을 수 없었다.

갑자기 나는 지갑을 재킷 안에 넣은 게 기억났다.

Words

wallet 명 지갑 ‖ messy 형 지저분한 ‖ still 부 여전히, 아직 ‖ inside 전 ~의 안에

I need a _____ card to go to my friend's house.

나는 친구 집에 가기 위해 교통카드가 필요했다.

So I tried to _____ in my room.

그래서 나는 내 방에서 카드를 찾으려고 노력했다.

However, my room was not _____.

하지만 내 방은 정돈되지 않았다.

I _____ my room first. I _____ * find the card.

우선 나는 내 방을 청소했다. 여전히 나는 카드를 찾을 수 없었다.

Suddenly, I _____ it inside my bag.

갑자기 나는 카드를 가방 안에 넣은 게 기억났다.

Words

transportation 명 교통, 수송 ▮ tidy 형 정돈된, 깔끔한

Grammar Check **still 여전히, 아직**

상대방에게 '아직도야?'라고 물어보는 건 어떤 일이 예상한 시간보다 더 길어지고 있다는 뜻이 담겨 있는데요. 이럴 때 still을 쓸 수 있습니다. still은 He is still there.(그는 아직 거기에 있다.)처럼 긍정문에도 쓰이며, 부정문에 쓰일 때는 부정어 앞에 still을 쓴답니다.

ex) He still doesn't know the answer. 그는 여전히 정답을 모른다.

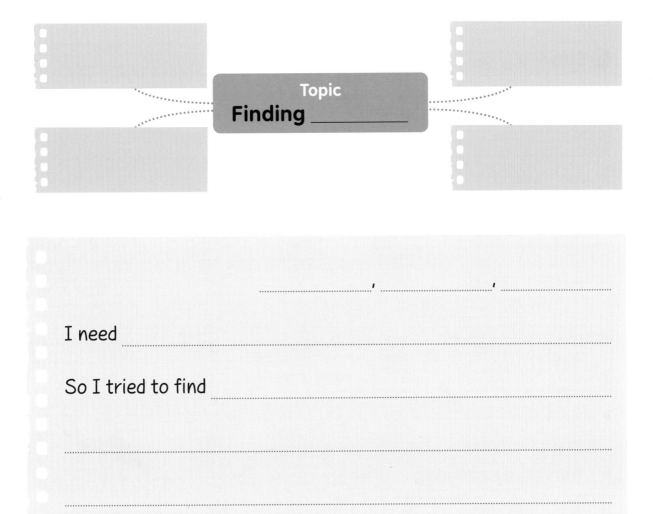

Topic
Finding _____

_____, _____, _____

I need _____

So I tried to find _____

_____

_____

_____

Learn More 위치를 나타내는 표현

1. inside (작은 범위 또는 장소) ~의 안에 ex) inside the pocket 주머니 안에
2. under ~의 (바로) 아래에 ex) under the table 테이블 아래에
3. above ~의 위에 ex) There is a bird above your head. 당신 머리 위에 새 한 마리가 있다.
4. behind ~의 뒤에 ex) The supermarket is behind this building. 마트는 이 건물 뒤에 있다.
5. next to ~의 옆에 ex) The police station is next to the post office. 경찰서는 우체국 옆에 있다.

 Day 39 Strengths of My Friend 내 친구의 장점

Step 1 핵심 동사 익히기

have	① (신체적, 정신적 특징을) 가지고 있다 ② 먹다, 마시다	has	had	having
		3인칭 단수 현재	과거형	현재분사

🎩 =쭌쌤 1분 특강

Day 13에서 have의 기본 뜻은 '가지고 있다'라고 배웠습니다. 여기에서 확장되어 '(신체적, 정신적 특징을) 가지고 있다', '먹다, 마시다'의 뜻도 생겨났습니다.

▶ (신체적, 정신적 특징을) 가지고 있다

He has a habit of nail-biting. 그는 손톱을 깨무는 버릇을 가지고 있다.

▶ 먹다, 마시다

We had dinner together. 우리는 저녁을 함께 먹었다.

swim	수영하다	swims	swam	swimming
		3인칭 단수 현재	과거형	현재분사

▶ 수영하다

Can you swim? 당신은 수영을 할 수 있나요?

▶ 수영하러 가다: **go swimming** * Day 8 참고

Do you want to go swimming tomorrow? 당신은 내일 수영하러 가는 걸 원하나요?

Tip 수영은 '물 안'으로 들어가서 하기 때문에 뒤에 주로 in을 동반한 장소를 씁니다.

　　swim *in* the sea 바다에서 수영하다, swim *in* the pool 수영장에서 수영하다

speak	말하다	speaks	spoke	speaking
		3인칭 단수 현재	과거형	현재분사

▶ 말하다

Can you speak Korean? 당신은 한국어를 할 수 있나요?

▶ (~으로) 말하다: **speak + in**

He spoke in a quiet voice. 그는 조용한 목소리로 말했다.

▶ (~에게 …에 대해) 말하다: **speak + to + 대상 + about + 주제**

She spoke to me about her vacation plans. 그녀는 나에게 그녀의 방학 계획에 대해 말했다.

MP3-039

나의 가장 친한 친구 민수
my best friend Min-su

수영을 아주 잘 하다
swim very well

Topic
Strengths of My Friend

영어와 중국어를 하다
speak English and Chinese

친구들을 잘 돕는다
help friends well

Saturday, January 3, Cold

My best friend Min-su has many strengths.

He swims very well.

He can speak English and Chinese.

He also helps his friends well.

I will try hard to become a wonderful student like Min-su.

나의 가장 친한 친구 민수는 장점이 많다.

그는 수영을 아주 잘 한다.

그는 영어와 중국어를 할 수 있다.

그는 친구들도 잘 도와준다.

나도 민수처럼 멋진 학생이 되기 위해 열심히 노력할 것이다.

Words

strength 몡 장점, 힘 ǀ well 閉 잘, 충분히

My best friend Woo-bin ....

나의 가장 친한 친구 우빈이는 장점이 많다.

He .... very well.

그는 수영을 아주 잘 한다.

He can .... and ....

그는 일본어와 스페인어를 할 수 있다.

He also .... well.

그는 줄넘기도 잘 한다.

I will try hard to .... like* Woo-bin.

나도 우빈이처럼 훌륭한 학생이 되기 위해 열심히 노력할 것이다.

Words

Japanese 몡 일본어 ▮ Spanish 몡 스페인어 ▮ jump rope 줄넘기를 하다 ▮ great 혱 훌륭한, 거대한

Grammar Check   like ~와 비슷한, ~처럼

like 하면 '좋아하다'가 가장 먼저 떠오르는데요. like는 전치사로 '~와 비슷한, ~처럼'의 뜻도 가지고 있습니다. 아래 예문을 통해 like가 문장 속에서 어떻게 쓰이는지 기억해 둡시다.

ex) She ran like the wind. 그녀는 바람처럼 달렸다.
    Her face turned red like an apple. 그녀의 얼굴이 사과처럼 빨개졌다.

Topic
**Strengths of
My Friend**

.... , ... , ...

My best friend .... has many strengths. ....

Learn More   나라/언어/사람

	한국	일본	중국	미국	스페인
나라	Korea	Japan	China	America	Spain
언어	Korean	Japanese	Chinese	American (또는 English)	Spanish
사람	Korean	Japanese	Chinese	American	Spaniard

Praise 칭찬

👤 Step 1 핵심 동사 익히기

draw	① (선으로) 그리다 ② 끌어당기다 ③ (경기에서) 비기다	**draws**	**drew**	**drawing**
		3인칭 단수 현재	과거형	현재분사

▶ **(선으로) 그리다**

The children drew some pictures with colored pencils. 아이들이 색연필로 그림을 그렸다.

▶ **끌어당기다**

He drew the chair in front of the desk. 그는 의자를 책상 앞으로 끌어당겼다.

▶ **(경기에서) 비기다: draw + with + 대상**

Korea played soccer and drew with China. 한국은 중국과 축구를 해서 비겼다.

show	보여 주다	**shows**	**showed**	**showing**
		3인칭 단수 현재	과거형	현재분사

▶ **보여 주다: show + 대상 + 물건 / show + 물건 + to + 대상**

I showed her a book. / I showed a book to her. 나는 그녀에게 책 한 권을 보여 주었다.

Tip show는 '쇼, TV 프로그램' 등의 뜻으로 명사로도 자주 쓰입니다.

　　a TV quiz *show* TV 퀴즈 프로그램

hang	① 걸다, 매달다 ② 걸리다	**hangs**	**hung**	**hanging**
		3인칭 단수 현재	과거형	현재분사

▶ **걸다, 매달다**

He hung a picture frame on the wall. 그는 벽에 그림 액자를 걸었다.

▶ **걸리다**

There is a clock hanging on the wall. 시계가 벽에 걸려 있다.

미술 시간에 그리다
draw in art class

내 그림을 선생님께 보여 주다
show my picture to the teacher

Topic
Praise

선생님이 나를 칭찬해 주다
she praises me

자신감을 느끼다
feel confident

Monday, April 19, Sunny

I drew in art class today. I showed my picture to the teacher.

She patted my shoulder and praised me.

I hung my picture at the back of the classroom.

My classmates envied me when they saw my picture.

I felt confident in drawing.

나는 오늘 미술 시간에 그리기를 했다. 나는 내 그림을 선생님께 보여 드렸다.

선생님은 내 어깨를 토닥거리며 나를 칭찬해 주셨다.

나는 내 그림을 교실 뒤에 걸었다(게시했다).

반 친구들이 내 그림을 보고 나를 부러워했다.

나는 그리기에 자신감을 느꼈다.

Words

pat 동 토닥거리다, 쓰다듬다 | shoulder 명 어깨 | praise 동 칭찬하다 명 칭찬 | envy 동 부러워하다

I .... in art class today.

나는 오늘 미술 시간에 그리기를 했다.

I .... my picture .... the teacher.

나는 내 그림을 선생님께 보여 드렸다.

She .... and praised me.

선생님은 환하게 웃으시면서 나를 칭찬해 주셨다.

I .... my picture .... * the classroom.

나는 내 그림을 교실 뒤에 걸었다(게시했다).

My classmates .... me .... they saw my picture.

반 친구들이 내 그림을 보고 나를 부러워했다.

I .... in drawing.

나는 그리기에 자신감을 얻었다.

Words

smile 통 웃다 ▎ brightly 튀 환하게, 밝게 ▎ gain 통 얻다, 획득하다 ▎ confidence 명 자신감

Grammar Check   **at ~에**

at의 기본 개념은 시간과 공간의 '한 점'입니다. 위의 일기에서도 교실 뒤 벽면의 공간(한 점)에 그림을 걸었기 때문에 at을 사용했습니다. at은 주로 '~에'로 해석되지만 정확한 개념은 '한 점'이라는 걸 기억합시다.

ex) I get up at 6. (시간) 나는 6시에 일어난다.
     We met at the bank. (공간) 우리는 은행에서 만났다.

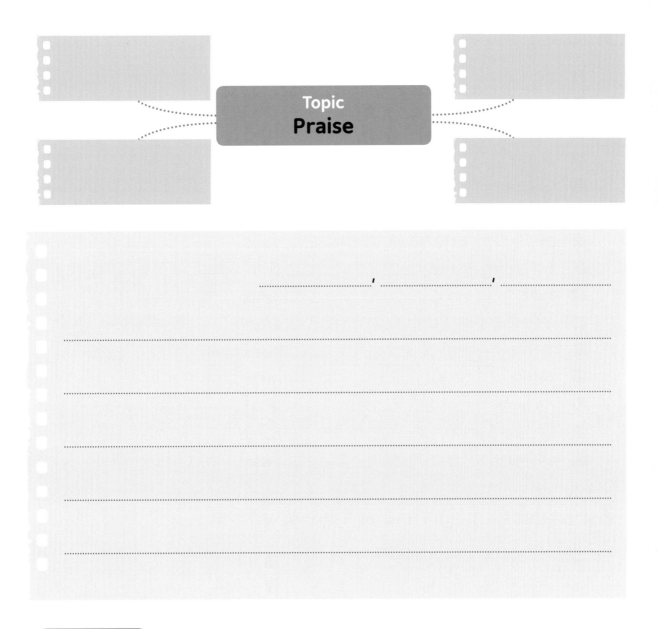

Topic
Praise

Learn More 그리기/그림 관련 표현

1 draw (색칠하지 않고 연필, 펜 등으로) 그리다
  ex) He drew a triangle. 그는 삼각형을 그렸다.
2 paint (그림물감으로) 그리다
3 sketch 스케치하다, 밑그림을 그리다
4 color 색칠하다
  ex) I colored the apples red.
    나는 사과를 빨간색으로 칠했다.

1 portrait 초상화 *사람의 얼굴을 중심으로 그린 그림
2 self-portrait 자화상 *스스로 그린 자기의 초상화
3 landscape 풍경화 *자연의 경치를 그린 그림
4 still life 정물화 *움직이지 못하는 물체를 놓고 그린 그림
5 watercolor 수채화 *물감을 물에 풀어서 그린 그림

A 다음 우리말 뜻에 알맞게 영어 철자를 바르게 배열해서 맞는 동사를 쓰세요.

1	알다	wonk	know
2	청소하다	aelnc	
3	눕다, (어떤 상태로) 있다	eil	
4	싫어하다	etah	
5	(신체적, 정신적 특징을) 가지고 있다, 먹다, 마시다	ahev	
6	선택하다, 선출하다	eshooc	
7	(선으로) 그리다, 끌어당기다, (경기에서) 비기다	ward	
8	찾다, 발견하다, 알다, 깨닫다	dnfi	
9	말하다	sekpa	
10	입장하다, 들어가다, 입학(입회)하다	etnre	
11	기억하다	eeebrrmm	
12	수영하다	iwsm	
13	거짓말하다	iel	
14	걸다, 매달다, 걸리다	nahg	
15	보여 주다	hwso	

B 다음 우리말 뜻에 해당하는 영어 단어를 찾아 표시하고, 빈칸에 써 보세요.

d	e	q	r	a	y	w	v	c	q
v	m	d	e	c	m	e	s	s	y
y	o	c	d	t	e	o	e	h	q
d	c	f	l	i	d	c	n	t	q
n	e	s	u	v	a	w	v	g	i
o	b	e	o	i	c	i	y	n	w
w	z	v	h	t	a	y	o	e	a
e	l	e	s	y	e	m	d	r	q
k	o	r	p	i	z	i	x	t	w
b	t	e	l	l	a	w	p	s	t

1 활동　　a<u>ctivity</u>

2 ~ 중에서　　a_____

3 학원　　a_____

4 심한　　s_____

5 지갑　　w_____

6 지저분한　　m_____

7 장점　　s_____

8 ~이 되다　　b_____

9 어깨　　s_____

10 부러워하다　　e_____

C 다음 우리말 뜻에 알맞게 빈칸을 채워 영어 문장을 완성하세요.

1 Our class went to _____the science museum_____.

우리 반은 과학관에 갔다.

2 I felt _____ because I lied.

나는 거짓말을 해서 마음이 불편했다.

3 I _____ find the card.

나는 여전히 카드를 찾을 수 없었다.

4 He also _____ well.

그는 줄넘기도 잘 한다.

5 She _____ and praised me.

그녀는 환하게 웃으시면서 나를 칭찬해 주셨다.

D 다음 우리말 뜻에 알맞게 단어를 바르게 배열해서 문장을 쓰세요.

1 _____I entered the theater and put on the 3D glasses._____

(3D glasses / I / the / entered / and / the / put / theater / on)

나는 극장으로 들어가서 3D 안경을 썼다.

2 _____

(academy / to / I / the / hated / math / going) 나는 수학 학원에 가기 싫었다.

3 _____

(find / to / I / my / tried / room / wallet / my / in) 나는 내 방에서 지갑을 찾으려고 노력했다.

4 _____

(strengths / best / My / Min-su / many / has / friend) 나의 가장 친한 친구 민수는 장점이 많다.

5 _____

(to / I / teacher / the / picture / my / showed) 나는 내 그림을 선생님께 보여 드렸다.

정 답

Day 1 Volunteer Day

봉사 활동의 날 ······························ p.20

Today was a volunteer day.

I went to the playground with my teacher.

We picked up the trash and put it in the trash can.

It was rewarding.

I was refreshed because the playground was clean.

Day 2 P.E. Class

체육 시간 ······························ p.24

I played basketball with my friends in P.E. class.

I scored 2 goals in the first half.

It was a close game, but my team won.

I shouted with joy.

Hard work pays off.

Day 3 Oversleep

늦잠 ······························ p.28

I woke up late in the morning.

I didn't hear the alarm.

I hurried to school without washing my face.

I arrived at school after the second period.

I quietly entered the classroom through the front door.

Day 4 Watching Movies

영화 보기 ······························ p.32

I watched the movie *Spider-Man* with my sister.

I ate potato chips while watching the movie.

The movie was tense.

Two and a half hours passed quickly.

I will introduce the movie to my friends tomorrow.

Day 5 Visiting Grandmother

할머니 찾아뵙기 ······························ p.36

I visit my grandmother every month.

Last month, she baked a pie.

It smelled really good.

I ate a piece of pie, and it tasted sweet.

My grandmother smiled happily.

Review Test 1 ······························ pp.38~39

A 1 visit 2 hurry 3 score 4 go 5 smell
6 watch 7 wake 8 play 9 introduce
10 pick 11 win 12 arrive 13 bake

B 1 ⓒ 2 ⓓ 3 ⓗ 4 ⓐ 5 ⓘ
6 ⓑ 7 ⓙ 8 ⓕ 9 ⓔ 10 ⓖ

C 1 picked up the trash, trash can
2 scored, first half
3 woke up, morning
4 Two and a half hours
5 a piece of, sweet

D 1 I went to the park with my classmates.
2 I played soccer with my friends in P.E. class.
3 I hurried to school without eating breakfast.
4 I will introduce the movie to my friends tomorrow.
5 I visit my grandmother every week.

Week 2

Day 6 Birthday Party
생일 파티 ······················· p.44

Today was my 11th birthday.

I invited friends to my birthday party.

They came to my house 30 minutes late.

They prepared a present for my birthday.

I opened it. It was a nice pencil case.

I was satisfied with it.

Day 7 Meeing Friends
친구 만나기 ····················· p.48

On my way to the academy, I met Min-su on the street.

Min-su looked in a bad mood.

I asked him, "How are you?"

He said, "I failed the Korean history exam."

I comforted him.

Day 8 Going Skating
스케이트 타러 가기 ·············· p.52

I went skating with my family.

It was my second time skating.

The ice floor was hard.

I held my father's hand.

I moved forward confidently.

I was excited and sweated a little.

Day 9 Buying a Hat
모자 사기 ······················· p.56

As winter came, the wind became cold.

I needed a scarf.

My mother bought it online three days ago.

It was delivered today.

However, I didn't like the scarf so I will change it.

Day 10 Climbing
등산하기 ························· p.60

I climbed Mt. Halla.

The weather was warm for climbing.

Various trees were growing on the mountain.

The sky view from the top was really wonderful.

I drank cool orange juice at the summit.

Review Test 2
······················· pp.62~63

A 1 invite 2 come 3 open 4 meet 5 ask
6 fail 7 go skating 8 hold 9 need 10 buy
11 change 12 climb 13 grow 14 drink

B 1 wallet 2 prepare 3 street 4 mood
5 nervous 6 sweat 7 become 8 deliver
9 mountain 10 weather

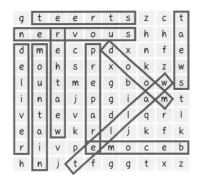

C 1 prepared
2 failed, Korean history
3 confidently
4 winter, cold
5 warm

D 1 I invited friends to my birthday party.
2 I met Min-su on the street.
3 I went skating with my family.
4 My mother bought a hat online two days ago.
5 Many plants were growing on the mountain.

Week 3

Day 11 School Festival
학교 축제 ···················· p.68

Yesterday was our school festival day.

There were a lot of events.

I danced to K-pop music.

Jane sang 'Perfect' by Ed Sheeran.

Many of my friends cheered.

My friend recorded my dancing, then I watched the video clip.

Day 12 Borrowing Books
책 빌리기 ···················· p.72

I needed a book to do my social studies homework.

I borrowed 3 books from the local library.

The rental period for those books was 2 weeks.

But I forgot to return them.

I can't borrow books for a week.

Day 13 Bad Cold
심한 감기 ···················· p.76

I had a bad cold. I went to the pharmacy.

There were many patients in the pharmacy.

I waited for 30 minutes.

The pharmacist gave me medicine.

I took medicine and took a nap.

Day 14 Catching Dragonflies
잠자리 잡기 ···················· p.80

Butterflies were flying around the garden.

I tried to catch them.

However, it was difficult.

I waited until the butterflies sat on the leaves and stopped.

In the end, I caught one.

Day 15 King Sejong
세종대왕 ···················· p.84

I read the biography of King Gwanggaeto.

He was the nineteenth king of Goguryeo.

He loved his people very much.

He expanded our country.

He died in 412.

Review Test 3
···················· pp.86~87

A **1** have **2** fly **3** dance **4** forget **5** take **6** die **7** borrow **8** wait **9** try **10** sing **11** return **12** record **13** catch **14** love **15** read

B **1** ⓑ **2** ⓓ **3** ⓔ **4** ⓐ **5** ⓒ **6** ⓖ **7** ⓕ **8** ⓙ **9** ⓘ **10** ⓗ

C **1** a lot of
2 The rental period
3 The pharmacist
4 In the end
5 expanded

D **1** I danced to K-pop music.
2 I borrowed 3 books from the library.
3 I waited for 30 minutes.
4 I tried to catch dragonflies.
5 He loved his people very much.

Day 16 Sending a Message
메시지 보내기 ·········· p.92

I'm not good at English.

I asked Sharon for help.

Sharon helped me write English.

I sent her a message at night, "Thank you for helping me."

Sharon sent a reply soon, "I was glad to help you."

Day 17 Flea Market
벼룩시장 ·········· p.96

There will be a flea market at the apartment complex tomorrow.

I thought about what to take.

There are a lot of dolls in my room.

I will sell some of them tomorrow.

I'm looking forward to tomorrow.

Day 18 Exercise
운동 ·········· p.100

Adults say health is the most important thing.

Today, the school health teacher said, "We should exercise three days a week."

I don't like exercising; I like watching TV.

I need to exercise for my health.

I will start walking every other day from tomorrow.

Day 19 Discussing Middle School Entrance
중학교 입학 의논하기 ·········· p.104

I will become a middle school student next year.

I discussed middle school entrance with my mom.

I wanted to go to an art middle school.

However, she wanted me to go to a nearby school.

I talked to her for one hour, and she agreed with my decision.

Day 20 Learning Guitar
기타 배우기 ·········· p.108

My older sister is good at playing the piano.

I learned to play the piano from her.

My arms hurt when I played the piano.

However, I feel better when I play the piano.

I will practice the piano every day.

I believe in myself.

Review Test 4 ·········· pp.110~111

A ① sell ② become ③ walk ④ learn ⑤ help ⑥ believe ⑦ agree ⑧ exercise ⑨ send ⑩ start ⑪ discuss ⑫ think ⑬ practice

B ① solve ② problem ③ flea ④ apartment ⑤ should ⑥ important ⑦ entrance ⑧ nearby ⑨ better ⑩ myself

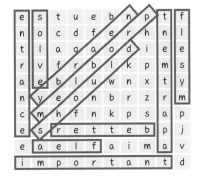

C ① good at English
② looking forward to
③ Adults, important thing
④ art middle school
⑤ My arms

D ① John helped me solve a math problem.
② I thought about what to take.
③ I will start walking every day from tomorrow.
④ I discussed middle school entrance with my mom.
⑤ I will practice the guitar every day.

Week 5

Day 21 Boring Day

I felt bored all day.

I called Kevin but he didn't have time to talk with me.

I tried talking to my younger brother.

However, he was busy with his homework.

In the end, I spent my time tidying up my room.

Day 22 My Hobby

My hobby is collecting favorite singer's albums.

I have over thirty albums.

I listen to album music almost every day.

I sometimes turn on the smart TV and watch music videos.

I try easy dances while watching the music video.

Day 23 Broken Bike

I hit the wall while carrying the bookshelf, and it broke.

My dad fixed and painted my bookshelf today.

I helped him paint.

It took 2 hours to finish the work.

After all, I stayed at home and helped my dad all afternoon.

Day 24 Congratulations!

I went to see my friend's violin recital today.

She played the violin really well.

After the recital, I congratulated her.

I gave a sunflower to her.

She thanked me.

Day 25 Eat Out

I passed the computer certification test.

So my family decided to eat out.

My mother drove, and our family went to a Chinese restaurant.

But the restaurant was not open yet.

My dad searched for another restaurant on his phone, and we went there.

Review Test 5

A ❶ take ❷ talk ❸ congratulate ❹ listen ❺ eat ❻ feel ❼ stay ❽ paint ❾ collect ❿ drive ⓫ call ⓬ thank ⓭ turn ⓮ decide ⓯ give

B ❶ ⓕ ❷ ⓓ ❸ ⓗ ❹ ⓒ ❺ ⓐ ❻ ⓑ ❼ ⓖ ❽ ⓙ ❾ ⓔ ❿ ⓘ

C ❶ tidying up my room
❷ try, while
❸ carring the bookshelf
❹ played the violin
❺ computer certification test

D ❶ I felt bored all day.
❷ My hobby is collecting my favorite singer's albums.
❸ It took 2 hours to finish the work.
❹ I gave a bouquet of flowers to my friend.
❺ My family decided to eat out.

Day 26 Go Camping
캠핑하기 ·· p.140

My family went camping in the valley.

I cooked dinner with my dad.

We sat around the campfire and roasted marshmallows.

We saw the moon in the night sky.

My family went to bed around 12 o'clock.

Day 27 Stationery Store
문구점 ·· p.144

A new semester began this month.

I wanted to buy colored pencils.

I walked to the stationery store.

I asked the owner where the colored pencils were.

They were 5,500 won.

I paid 10,000 won and got 4,500 won back.

Day 28 Fighting with a Friend
친구와의 다툼 ·· p.148

Today I felt bad because I had a fight with my friend.

I played baseball with my friends.

But one of them didn't follow the game rules.

I was irritated and fought with him.

Mom told me to yield and said a proverb, "A friend is a second self."

I bravely answered, "Yes, I will."

Day 29 New Sweater
새 스웨터 ·· p.152

My mom made me a dress.

I tried on the dress.

It looked pretty and good on me.

I took a selfie.

I uploaded it on my SNS account.

Many friends saw the photo and wrote comments.

Day 30 Math Test
수학 시험 ·· p.156

I took a science test today.

I had no worry because I studied it hard.

But the problems were unfamiliar.

I couldn't solve all the problems in time.

In the end, I got a low score.

Review Test 6 ·· pp.158~159

A ❶ want ❷ answer ❸ look ❹ fight ❺ take ❻ sit ❼ make ❽ see ❾ pay ❿ get ⓫ cook ⓬ study ⓭ tell

B ❶ around ❷ campfire ❸ semester ❹ owner ❺ follow ❻ yield ❼ selfie ❽ account ❾ low ❿ score

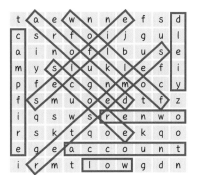

C ❶ in the valley
❷ stationery store
❸ played baseball, friends
❹ uploaded
❺ solve all the problems

D ❶ I cooked dinner with my dad.
❷ I wanted to buy a notebook.
❸ I was angry and fought with my friend.
❹ My mom made me a sweater.
❺ I took a math test today.

Day 31 Doing Housework

집안일 하기 ································· p.164

I was washing the dishes.

I missed a bowl and it broke.

I was embarrssed, and my mom came to me.

My mom asked me, "Are you all right?"

I said to my mom, "I'm okay."

She told me to be careful next time.

Day 32 Math Study

수학 공부 ································· p.168

I learned rectangles today.

However, I was irritated because I didn't understand the class content.

I came home and cried.

But soon, I didn't think crying would solve the problem.

I decided to review the lesson for 30 minutes every day.

Day 33 Saving Money

저축하기 ································· p.172

I plan to go to an art exhibition.

However, the ticket price is not cheap at 5 0,000 won.

I don't have enough money to buy the ticket.

I'm saving up money to buy it.

I hope I can save money before the art exhibition.

Day 34 Moving and Transferring

이사와 전학 ································· p.176

My family lives in Jeonju.

We will move to Seoul next month because of my brother's career.

I also have to transfer to another school.

I'm going to miss my friends.

I will take many pictures with my friends before moving.

Day 35 Running

달리기 ································· p.180

Our class ran during P.E. class.

I ran quickly at the sound of a whistle.

I was running second.

Suddenly, I bumped into the friend next to me.

I fell and ended up in last place.

Review Test 7 ··················· pp.182~183

A 1 cry 2 live 3 wash 4 run 5 plan 6 solve 7 understand 8 end 9 miss 10 break 11 move 12 save 13 say 14 hope 15 fall

B 1 ⓓ 2 ⓐ 3 ⓔ 4 ⓑ 5 ⓕ 6 ⓙ 7 ⓒ 8 ⓘ 9 ⓖ 10 ⓗ

C 1 be careful
   2 review the lesson
   3 enough money
   4 transfer to
   5 ran quickly

D 1 I was washing the dishes.
   2 I came home and cried.
   3 I'm saving up money to buy the ticket.
   4 My family lives in Seoul.
   5 I fell and ended up in last place.

Week 8

Day 36 Science Museum
과학관 ································· p.188

Our class went to the science museum.
I chose observation of constellations among the activities.
I entered the observation room.
The observation was so exciting that I lost track of time.
I didn't know much about the universe, but today
I became interested in it.

Day 37 Lie
거짓말 ································· p.192

I hated going to the English academy.
I lied to my mom, "I have a headache."
She said to me, "If you have a severe headache,
don't go to the academy."
I thought it would feel good lying on the bed all day.
However, I felt uncomfortable because I lied.
I told her the truth and went to the academy.

Day 38 Finding the Wallet
지갑 찾기 ······························· p.196

I need a transportation card to go to my friend's house.
So I tried to find the card in my room.
However, my room was not tidy.
I cleaned up my room first.
I still couldn't find the card.
Suddenly, I remembered putting it inside my bag.

Day 39 Strengths of My Friend
내 친구의 장점 ······················· p.200

My best friend Woo-bin has many strengths.
He swims very well.
He can speak Japanese and Spanish.
He also jumps rope well.
I will try hard to become a great student like Woo-bin.

Day 40 Praise
칭찬 ································· p.204

I drew in art class today.
I showed my picture to the teacher.
She smiled brightly and praised me.
I hung my picture at the back of the classroom.
My classmates envied me when they saw my picture.
I gained confidence in drawing.

Review Test 8 ··········· pp.206~207

A **1** know **2** clean **3** lie **4** hate **5** have
6 choose **7** draw **8** find **9** speak **10** enter
11 remember **12** swim **13** lie **14** hang **15** show

B **1** activity **2** among **3** academy **4** severe
5 wallet **6** messy **7** strength **8** become
9 shoulder **10** envy

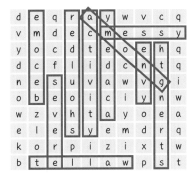

C **1** the science museum
2 uncomfortable
3 still couldn't
4 jumps rope
5 smiled brightly

D **1** I entered the theater and put on the 3D glasses.
2 I hated going to the math academy.
3 I tried to find my wallet in my room.
4 My best friend Min-su has many strengths.
5 I showed my picture to the teacher.

🧑 동사 변화 목록 동사의 변화를 보며 외워 보세요

동사원형	뜻	3인칭 단수 현재형	과거형	현재분사형
agree	① (~에) 동의하다 ② 합의를 보다	agrees	agreed	agreeing
answer	① 대답하다 ② 응답하다	answers	answered	answering
arrive	도착하다	arrives	arrived	arriving
ask	① 묻다, 질문하다 ② 요청하다, 부탁하다	asks	asked	asking
bake	(빵 등을) 굽다	bakes	baked	baking
become	~이 되다	becomes	became	becoming
believe	믿다	believes	believed	believing
borrow	① (물건을) 빌리다 ② (돈을) 꾸다	borrows	borrowed	borrowing
break	① 깨다, 부수다 ② 깨지다, 고장나다	breaks	broke	breaking
buy	① 사다 ② 사주다	buys	bought	buying
call	① 부르다 ② 전화하다	calls	called	calling
catch	① 잡다 ② 따라잡다	catches	caught	catching
change	① 바꾸다 ② 교환하다	changes	changed	changing
choose	① 선택하다 ② 선출하다	chooses	chose	choosing
clean	청소하다	cleans	cleaned	cleaning
climb	① 오르다 ② 등반하다	climbs	climbed	climbing
collect	모으다, 수집하다	collects	collected	collecting
come	오다	comes	came	coming
congratulate	축하하다	congratulates	congratulated	congratulating
cook	요리하다	cooks	cooked	cooking
cry	① 울다 ② 소리치다	cries	cried	crying
dance	① 춤추다 ② (특정 춤을) 추다	dances	danced	dancing
decide	결정하다	decides	decided	deciding
die	죽다	dies	died	dying
discuss	(~에 대해) 의논하다	discusses	discussed	discussing
draw	① (선으로) 그리다 ② 끌어당기다 ③ (경기에서) 비기다	draws	drew	drawing
drink	마시다	drinks	drank	drinking
drive	① 운전하다 ② 태워다 주다	drives	drove	driving
eat	먹다	eats	ate	eating
end	① 끝나다 ② 끝내다	ends	ended	ending
enter	① 입장하다, 들어가다 ② 입학(입회)하다	enters	entered	entering

동사원형	뜻	3인칭 단수 현재형	과거형	현재분사형
exercise	① 운동하다 ② (~을) 운동시키다	exercises	exercised	exercising
fail	실패하다, (시험에) 떨어지다	fails	failed	failing
fall	① 넘어지다 ② 떨어지다	falls	fell	falling
feel	① (감정을) 느끼다 ② (촉감으로) 느끼다	feels	felt	feeling
fight	싸우다	fights	fought	fighting
find	① 찾다, 발견하다 ② 알다, 깨닫다	finds	found	finding
fly	① 날다 ② 비행하다	flies	flew	flying
forget	잊다, 깜빡하다	forgets	forgot	forgetting
get	① 받다 ② 얻다	gets	got	getting
give	주다	gives	gave	giving
go	가다	goes	went	going
grow	① 자라다, 성장하다 ② 기르다, 재배하다	grows	grew	growing
hang	① 걸다, 매달다 ② 걸리다	hangs	hung	hanging
hate	싫어하다	hates	hated	hating
have	① 가지고 있다 ② (병 등에) 걸리다 ③ (시간 등이)있다 ④ (신체적, 정신적 특징을) 가지고 있다 ⑤ 먹다, 마시다	has	had	having
help	① 돕다 ② (음식 등을) 먹다	helps	helped	helping
hold	① 들다, 잡다 ② 유지하다	holds	held	holding
hope	희망하다	hopes	hoped	hoping
hurry	서두르다	hurries	hurried	hurrying
introduce	① 소개하다 ② 선보이다	introduces	introduced	introducing
invite	초대하다	invites	invited	inviting
know	알다	knows	knew	knowing
learn	배우다	learns	learned	learning
lie	거짓말하다	lies	lied	lying
lie	① 눕다 ② (어떤 상태로) 있다	lies	lay	lying
listen	① 듣다 ② 귀를 기울이다	listens	listened	listening
live	살다	lives	lived	living
look	① 보다 ② 보이다	looks	looked	looking
love	① 사랑하다 ② (~하는 것을) 좋아하다	loves	loved	loving
make	① 만들다, 만들어 주다 ② ~하게 하다	makes	made	making

동사원형	뜻	3인칭 단수 현재형	과거형	현재분사형
meet	만나다	meets	met	meeting
miss	① 그리워하다 ② 놓치다	misses	missed	missing
move	① 이사하다, 움직이다 ② 옮기다	moves	moved	moving
need	① 필요하다 ② ~할 필요가 있다	needs	needed	needing
open	① (~을) 열다 ② 열리다	opens	opened	opening
paint	페인트를 칠하다	paints	painted	painting
pay	지불하다	pays	paid	paying
pick	① 고르다, 선택하다 ② 따다 ③ 줍다	picks	picked	picking
plan	① (~할) 계획이다 ② 계획을 세우다	plans	planned	planning
play	① 놀다 ② 경기를 하다 ③ 연주하다	plays	played	playing
practice	연습하다	practices	practiced	practicing
read	① 읽다 ② 적혀(쓰여) 있다	reads	read	reading
record	기록하다, 녹화(녹음)하다	records	recorded	recording
remember	기억하다	remembers	remembered	remembering
return	① 되돌려주다 ② 돌아오다	returns	returned	returning
run	달리다	runs	ran	running
save	① 저축하다 ② 구하다	saves	saved	saving
say	말하다	says	said	saying
score	득점하다	scores	scored	scoring
see	① 보다 ② 알다	sees	saw	seeing
sell	① 팔다 ② 팔리다	sells	sold	selling
send	보내다, 전하다	sends	sent	sending
show	보여 주다	shows	showed	showing
sing	① 노래하다 ② (노래를) 부르다	sings	sang	singing
sit	앉다	sits	sat	sitting
smell	① 냄새가 나다 ② 냄새를 맡다	smells	smelled	smelling
solve	풀다, 해결하다	solves	solved	solving
speak	말하다	speaks	spoke	speaking
start	① 시작하다 ② 시작되다 ③ 출발하다	starts	started	starting
stay	머무르다	stays	stayed	staying
study	공부하다	studies	studied	studying

동사원형	뜻	3인칭 단수 현재형	과거형	현재분사형
swim	수영하다	swims	swam	swimming
take	① 잡다 ② (약을) 먹다 ③ (행동을) 취하다 ④ (탈것에) 타다 ⑤ (시간이) 걸리다 ⑥ (시험을) 치다/보다 ⑦ (사진을) 찍다	takes	took	taking
talk	말하다	talks	talked	talking
tell	말하다	tells	told	telling
thank	감사하다	thanks	thanked	thanking
think	생각하다	thinks	thought	thinking
try	① 시도하다, 노력하다 ② 시험 삼아 해 보다	tries	tried	trying
turn	① 돌다 ② 돌리다	turns	turned	turning
understand	이해하다	understands	understood	understanding
visit	① 찾아가다 ② (인터넷을) 방문하다	visits	visited	visiting
wait	기다리다	waits	waited	waiting
wake	① 깨다, 일어나다 ② 깨우다	wakes	woke	waking
walk	걷다	walks	walked	walking
want	① 원하다 ② (~하고) 싶어 하다 ③ 바라다	wants	wanted	wanting
wash	① 씻다 ② 빨다, 세탁하다	washes	washed	washing
watch	① 보다, 관람하다 ② 조심하다	watches	watched	watching
win	이기다	wins	won	winning